CW01496606

Piergiorgio Odifreddi

DIZIONARIO DELLA STUPIDITÀ

Fenomenologia del non-senso della vita

Rizzoli

Dizionario della stupidità

«Se ho dimenticato di insultare qualcuno, gli chiedo scusa.»

Johannes Brahms (uscendo da una festa)

Il *Dizionario della stupidità* non è un'enciclopedia: se no, si sarebbe chiamato *Enciclopedia della stupidità*. L'estensione spazio-temporale e la densità biologica degli stupidi l'avrebbe forse richiesto, ma le limitatezze dell'autore l'hanno impedito. Nessuno infatti domina completamente la stupidità, propria e altrui, e ciascuno ne ha solo una visione parziale, interna ed esterna: di quella ha dovuto accontentarsi l'autore, e dovrà accontentarsene anche il lettore.

Il *Dizionario della stupidità* è appunto un dizionario: se no, si sarebbe chiamato in un altro modo. E poiché va trattato come tale, non va letto in sequenza dall'A alla Z, o viceversa, ma sfogliato alla ricerca di voci che possono attirare l'attenzione o stimolare la curiosità. Anche se, fino a quando non se ne legge una, non si può sapere se dia un esempio o un controesempio di stupidità.

E forse non lo si capisce neppure dopo, perché ciò o colui che appare stupido a qualcuno può non apparire stupido a qualcun altro, e viceversa. In ogni caso, nell'intenzione dell'autore gli esempi vorrebbero mostrare cosa o come la stupidità è, e i controesempi cosa o come non è. Ovviamente dal suo personale punto di vista, che forse gli permette di riconoscere la stupidità altrui, ma certo non la sua.

Ed è appunto la certezza che gli stupidi sono sempre gli altri, a permettere a ciascuno di noi di convivere così bene con la propria stupidità. Nessuno si sogna di contestare l'affermazione che la quasi totalità della gente è stupida. Ma a nessuno passa per la testa che, allora, è quasi certo che uno di quegli stupidi sia lui: tanto meno all'autore di questo *Dizionario*.

Il lettore lo scoprirà presto, così come scoprirà presto l'uso dei cunei. Svelarglielo *a priori* sarebbe trattarlo da stupido, ma chi non lo scoprisse *a posteriori* confermerebbe di esserlo. Anche se nessuno può mai dimostrare di non essere almeno un po' stupido, perché qualche stupidaggine la pensiamo, la diciamo o la facciamo tutti, prima o poi: resta solo da determinare quante. L'autore sa di averne fatta qualcuna, spera di averne scritte molte e si scusa di non averne pensate di più.

A

Abitudini Una delle *Massime* (1665) di La Roche-foucauld è che «ogni abitudine è una cattiva abitudine». E una delle massime della *Prigioniera* (1923) di Marcel Proust è che «la forza di un'abitudine è proporzionale alla sua stupidità». Il che spiega perché ci comportiamo così nella nostra ► vita individuale e sociale: appunto per la forza dell'abitudine a pensare e fare sempre le stesse cose.

Tra le forti abitudini del pensiero ci sono le stupide credenze che professiamo senza pensare: l'► anima, le ► apparizioni, l'► astrologia, le ► coincidenze, i ► dog-mi, gli ► esorcismi, gli ► extraterrestri, la ► magia, la ► metafisica, i ► miracoli, la ► numerologia, gli ► oro-scopi, il ► paranormale, il ► politicamente corretto, la ► psicanalisi, le ► scienziaggini, le ► superstizioni, i ► vampiri…

Tra le forti abitudini dell'azione ci sono invece le cose stupide che facciamo senza pensare: beviamo ► acqua minerale, abusiamo dell'► aria condizionata, ci tagliamo la ► barba, giochiamo in ► borsa, mangiamo ► carne, abusiamo dei ► cellulari, ci sottoponiamo ai ► controlli di sicurezza, usiamo la ► cravatta, sfogliamo i ► giornali, fumiamo ► tabacco, guardiamo la ► televisione, giriamo come ► trottole…

Abramo   Le ► religioni degli ► Ebrei e degli Arabi considerano Abramo il proprio progenitore, il che lo rende *a priori* doppiamente sospetto di stupidità. Prima di lui l' ► Antico Testamento descrive i grandiosi avvenimenti cosmici degli inizi del mondo. A partire da lui, in una rovinosa caduta «dalle stelle alle stalle», passa bruscamente alle piccole beghe comico-tragiche del Popolo Eletto lanciato alla conquista della Terra Promessa.

La comicità inizia fin da subito. Dovendo andare in Egitto, e temendo che gli Egizi lo uccidano per prendersi la sua bella moglie, le ordina di dire che è sua sorella. Il faraone se ne invaghisce, benché ella fosse sulla settantina, e, per averla, colma Abramo di doni. Lui chiede aiuto a Jahvé, che invece di punire il vigliacco patriarca colpisce l'ignaro faraone con grandi calamità e «rende sterili tutte le ► donne della sua casa».

La tragedia arriva quando Jahvé dapprima pratica una procreazione assistita sull'ormai novantenne moglie di Abramo, e poi gli chiede di sacrificare proprio quel figlio: cosa che lui farebbe, se non fosse fermato da un ► angelo. Discendere da un uomo di tal fatta non sembra un gran *pedigree* né per gli Ebrei né per gli Arabi, ma ognuno si contenta di quel che ha e ha quel che si merita.

Acqua minerale   Una delle più note e fortunate ▸ pubblicità degli anni '80, inventata da Anna Maria Testa, recitava «Liscia, gassata o Ferrarelle?», era illustrata da una Gioconda con tre pettinature diverse e fu lanciata dall'omonima ditta, fondata nel 1893 per commercializzare l'acqua «acidula e leggermente frizzante» delle sorgenti di Riardo, già note ai Romani.

In realtà il progresso tecnologico che ha portato ad avere l'acqua potabile in ogni casa permetterebbe di ottenere in maniera gratuita l'acqua «liscia», semplicemente aprendo il rubinetto. E infatti negli anni '30 il consumo di acqua minerale era riservato agli usi terapeutici, anche se il boom economico degli anni '60 l'ha diffuso in generale, facendolo diventare un lucrativo *business*: in particolare per Giuseppe Ciarrapico, proprietario delle sorgenti Fiuggi e «re delle acque minerali».

Business troppo lucrativo, però. Almeno nei bar e nei ▸ ristoranti, molti dei quali rifiutano di servire acqua potabile «per motivi igienici», e derubano gli stupidi avventori rincarando le bottigliette e le bottiglie di acqua minerale con aumenti fino al 1.000%, quando per le ▸ banche è già usura un tasso del 25%: secondo il Codice Penale, baristi e ristoratori meriterebbero multe di 10.000 euro e condanne a 10 anni di reclusione.

Adamo ed Eva La mitologia dell' ▶ Antico Testamento indica in Adamo ed Eva i due progenitori del genere umano. Non stupisce che qualche millennio fa un popolo primitivo personalizzasse in maniera generica i sessi maschile e femminile. Ma è semplicemente stupido che oggi si continui a considerarli come nomi di due individui specifici, realmente esistiti.

Eppure ancora nel 1950 ▶ papa Pio XII dichiarava, nell'enciclica *Humani Generis*: «I fedeli non possono abbracciare quell'opinione i cui assertori insegnano che dopo Adamo sono esistiti qui sulla Terra veri uomini che non hanno avuto origine per generazione naturale dal medesimo, come progenitore di tutti gli uomini, oppure che Adamo rappresenta l'insieme di molti progenitori».

E anche oggi il nuovo *Catechismo* continua a parlare di Adamo ed Eva come letterali progenitori, ai quali si manifesta un letterale ▶ Dio e che cedono alla tentazione di un altrettanto letterale demonio. Il motivo di questa anacronistica insistenza è che la Chiesa si ritrova impiccata alla sua stessa corda: senza Adamo ed Eva cadono il peccato originale, la redenzione, ▶ Gesù, la ▶ resurrezione e la Chiesa stessa. E tutto il cristianesimo diventa solo una grande e stupida truffa, come infatti è.

Adulterio Diceva Alexandre Dumas figlio che le catene del ► matrimonio sono così pesanti che a volte bisogna essere in tre per portarle. Se negarlo sarebbe stupido, affermarlo significa porsi in rotta di collisione con il comandamento che ordina di «non desiderare il coniuge d'altri», anche se il maschilismo dell' ► Antico Testamento si limitava a ordinare di «non desiderare la donna d'altri».

I *Rapporti Kinsey* sul comportamento sessuale degli uomini (1948) e delle ► donne (1953), e innumerevoli inchieste e sondaggi successivi, hanno confermato che l'infedeltà è molto più diffusa di quanto stupidamente si pretenda. A parole gli uomini ammettono di avere più *partners* delle donne, cosa improbabile per motivi combinatori, ma nei fatti gli uomini tendono a esagerare per eccesso e le donne per difetto.

Il risultato di questa ► abitudine alla promiscuità nel matrimonio è che il 10% dei figli partoriti in Italia da donne regolarmente sposate non sono in realtà stati concepiti dai mariti. La stessa cosa succede nelle specie monogame di uccelli, dove la percentuale dei piccoli concepiti da uccelli sbagliati arriva fino al 40%, a dimostrazione di quanto l'adulterio sia un naturale correttivo dell'innaturale ► monogamia.

Aldilà   Woody Allen ha scritto in *Rivincite* (1971): «Non credo nell'aldilà, ma comunque mi porto un cambio di biancheria». E in *Senza piume* (1975): «Il principale problema della ► morte è la paura che non ci sia l'aldilà: un pensiero deprimente, soprattutto per chi si è preoccupato di radersi prima di morire. Un'altra paura è che l'aldilà ci sia, ma nessuno sappia indicarti dove si svolge».

Pensare alla biancheria o alla ► barba a proposito dell'aldilà può sembrare stupido. Ma già Lucrezio aveva notato nel *De rerum natura* che la vera stupidità sta nel «credere che da morti avremo le stesse preoccupazioni che da vivi». Il fatto è che «non riusciamo a immaginare il nostro cadavere insenziente e ci immaginiamo invece di essere al suo posto, attribuendogli le nostre sensazioni».

Ma nelle *Meditazioni tuscolane* Cicerone bacchettava chi parlava ancora dell'aldilà, come Lucrezio, sia pure per negarlo: «Non si vergogna, un filosofo, a vantarsi di aver compresa la falsità di queste credenze puerili? Esiste forse anche solo qualche vecchietta tanto fuori di testa da crederci ancora?». Duemila anni dopo la risposta è comica: «Sì, ci sono moltissimi fuori di testa che ci credono, e non solo tra le vecchiette!».

Ambientalismo Con *Una scomoda* ► *verità* (2005) Al Gore ha preso due piccioni con una fava: il premio Oscar per il miglior documentario e il premio Nobel per la pace. L'ex vicepresidente statunitense ha diffuso l'allarme sull'emergenza ecologica che deriva al pianeta dall'uso indiscriminato del ► petrolio, dalle ► automobili all' ► aria condizionata, e dal suo impatto sul clima e sul riscaldamento globale.

Rajendra Pachauri, co-vincitore dello stesso premio Nobel, ha aggiunto che anche la ► carne è poco eco-logica: si tagliano foreste, si creano pascoli, si allevano animali, si spedisce il macellato in posti lontani, lo si refrigera nelle navi, sui camion, nei supermercati e in casa. Pure l'emissione di metano prodotta dalla dige-stione delle mucche e la decomposizione dei rifiuti soli-di urbani contribuiscono all'effetto serra.

Ma è stupido dire che «dobbiamo salvare la Terra»: al massimo in pericolo siamo noi. Già due miliardi e mezzo di anni fa la composizione dell'atmosfera subì un cambiamento molto più drastico dell'attuale a causa dell'avvento degli organismi fotosintetici, che provo-carono la *catastrofe dell'ossigeno*. Ma la Terra si salvò, sterminando gli organismi anaerobici e favorendo quelli aerobici: in particolare, noi.

Angeli   Che gli analfabeti e gli ignoranti credano all'esistenza degli angeli, così come a tante altre assurdità, è comprensibile e scusabile. Più sorprendente e inatteso, oltre che stupido, è che ci creda gente che non solo è alfabetizzata e colta, ma ha addirittura dato importanti contributi scientifici.

Un esempio è lo psicologo sperimentale Gustav Fechner, che ha dato il suo nome alla legge che lega l'intensità di una sensazione al logaritmo dello stimolo che la produce. In seguito a una crisi esistenziale si dedicò anche a studi quali la semi-ironica *Anatomia comparata degli angeli* (1825), pubblicata sotto lo pseudonimo di Dottor Mises, che costituisce un gustoso e istruttivo esempio dell'ottocentesca e pseudoscientifica *Naturphilosophie* alla ► Goethe.

Con argomenti tipici della lucidità dei ► matti, Fechner "dimostra" che gli angeli sono sfere luminose che comunicano assumendo i colori più disparati. Stanno in orbita attorno al Sole, a distanza più o meno ravvicinata a seconda della perfezione, e non sono visibili al telescopio perché translucidi. Quanto al sesso, sono femmine le sfere piene di ► idrogeno, e maschi quelle piene di ossigeno, e quando si accoppiano fanno luce. La teoria, invece, con idrogeno e ossigeno fa acqua.

Anima   Se la ▶ metafisica è la più elevata stupidaggine generica, l'anima e lo ▶ spirito sono le due più elevate stupidaggini specifiche. In origine però l'anima non era metafisica, ma fisica: in greco *ánemos* indicava l'aria o il vento, e ancor oggi chiamiamo animale un essere che respira l'aria e anemometro lo strumento che misura il vento, così come parliamo di anima per la camera d'aria di una gomma.

La metafisica è arrivata quando si è passati a dire, dapprima, che un essere vivo è animato e uno morto inanimato. E poi, che un essere vive quando ha l'anima e muore quando la perde. La stupidaggine sta nel credere che la ▶ vita sia determinata da un oggetto metafisico, invece che sostenuta da un processo fisico. O che quando la vita finisce scompaia dal mondo un oggetto, invece che cessi nel mondo un processo.

Sono solo giochi di parole, e nemmeno dei migliori, ma se non si sta in guardia si rischia di cascarci e di fare la figura degli stupidi. E infatti è ciò che fanno coloro che in generale credono alle storie, in parte ▶ *fantasy* e in parte *horror*, divulgate dalla ▶ religione. E che in particolare immaginano che le anime dei defunti popolino i regni dell'▶ aldilà, raccontati in un delirio ▶ teologico-letterario da ▶ Dante.

Animalismo Spesso si pensa stupidamente che amare gli animali significhi coccolare ► cani e gatti e inorridire per le corride o i massacri delle foche. Raramente si pensa invece che il vero problema risiede invece nelle sofferenze e nelle violazioni dei diritti degli animali causate dal loro uso nell'alimentazione e nella sperimentazione, denunciate da Peter Singer nel libro-manifesto *Liberazione animale* (1975).

Singer racconta in dettaglio la ► vita, le sofferenze e la ► morte da *lager* che *ogni anno* sono costretti a subire i *miliardi* di animali (dieci nei soli Stati Uniti) la cui ► carne e i cui prodotti finiscono sulla nostra tavola e nelle nostre pance: vitelli, maiali, conigli, polli, tacchini, uccelli e pesci, da un lato, e galline da uova e mucche da latte, dall'altro. Tutti esseri che non parlano e non pregano, ma che comunque sentono e soffrono.

Il mercato spinge invece, stupidamente, a chiudere gli occhi di fronte all'abuso degli animali nell'alimentazione. E il ► politicamente corretto spinge, altrettanto stupidamente, a chiudere la porta di fronte all'uso degli animali nella sperimentazione, benché la vivisezione sia ormai stata abolita. Il che costringerebbe a testare farmaci e ► vaccini direttamente sugli uomini, sollevando problemi etici ancora maggiori.

Antico Testamento   Esiste il fondato sospetto che molti credenti non leggano mai l'Antico Testamento, perché se lo facessero si vergognerebbero di una fede fondata su un ► libro così stupido, brutto, ingiusto e cattivo. La Chiesa lo sa, e non a caso dapprima ha proibito le traduzioni in volgare della Bibbia, fin dal primo *Indice dei Libri Proibiti* (1558), e poi ne ha a lungo scoraggiato una lettura indipendente da parte dei fedeli.

L'imbarazzo supremo dell'Antico Testamento è la figura antropomorfa, ottusa e sanguinaria del ► Dio di Israele. La storia inizia alla grande con la creazione del mondo, ma abbandona subito gli afflati cosmici per seguire l'esilio e l'esodo del piccolo Popolo Eletto. Poi passa alla conquista militare della Terra Promessa e diventa un bollettino delle ► guerre civili e incivili combattute dagli ► Ebrei fra loro e con i vicini, mietendo vittime innumerevoli nel nome e con l'aiuto di Dio.

Imbarazzanti sono pure molti degli sciocchi precetti imposti dallo stesso Dio: ad esempio, il «non tagliarsi in tondo i ► capelli ai lati del capo». Per non parlare delle vere e proprie ► scienziaggini, tipo il non poter mangiare «ruminanti come la lepre», che ruminante non è, o «insetti con quattro zampe», quando tutti ne hanno sei.

Antifilosofia Tra tutte le discipline intellettuali, la filosofia continentale non è la più disciplinata: basta ricordare, ad esempio, l'ostacolo della beffa ► Sokal in cui è inciampata negli anni '90, dimostrando di essere un genere nel quale le parodie non si distinguono dagli originali. Ma anche l'*antifilosofia* non è da meno, e inciampa negli stessi ostacoli.

Questa nuova indisciplinata disciplina è stata inventata da Pierre Badiou, professore alla prestigiosa École Normale Supérieure di Parigi, all'insegna del pericoloso motto: «Occorre deporre la categoria della ► verità, che rappresenta il tentativo della filosofia di costituirsi come teoria». A questa e altre amenità di Badiou, che è il pensatore francese più citato di tutti i tempi, sono completamente dedicati i *Badiou Studies*.

Il 1° aprile 2016 due filosofi francesi, celati sotto lo pseudonimo di Benedetta Tripodi, hanno rivelato di aver scritto un saggio intitolato *Verso un femminismo badiousiano "queer"*, che è stato accettato e pubblicato dai *Badiou Studies* in un numero speciale sulle problematiche ► *gender*. Inutile dire che si trattava di una nuova beffa, volta appunto a dimostrare che neppure l'antifilosofia si distingue dalla propria parodia, e va anch'essa gettata nel cestino delle stupidaggini.

Antisemitismo   Il ► razzismo è la generica forma di stupidità che si esprime attraverso un odio pregiudiziale nei confronti di particolari razze, e può arrivare a includerne anche le espressioni culturali come la lingua, la ► religione o la musica. Ad esempio, il *jazz* era incluso nel razzismo dei bianchi statunitensi nei confronti dei neri, che a loro volta lo percepivano come un'espressione di identità razziale e di protesta politica.

L'antisemitismo è la specifica forma di stupidità razziale che si esprime attraverso l'odio pregiudiziale nei confronti dei popoli di lingua semitica: in particolare, gli ► Ebrei e gli Arabi. Esiste un antisemitismo semitico endogeno, che si manifesta nell'odio reciproco tra gli Ebrei e gli Arabi che competono per la stessa nicchia territoriale in Medio Oriente. Ed esiste un antisemitismo cristiano esogeno, che nel corso della storia europea ha alternativamente odiato gli Ebrei o gli Arabi con mutevoli pretesti politico-religiosi.

Mentre nella prima metà del Novecento l'antisemitismo europeo si è scatenato soprattutto verso l'ebreo «perfido e deicida», oggi è rivolto soprattutto verso l'arabo «► immigrato e ► terrorista», a dimostrazione del fatto che la stupidità razzista cambia bersaglio ma non muta natura.

Apparizioni Quando si parla di apparizioni della Madonna si pensa di solito a quelle di Lourdes, ► Fatima e Medjugorje. Ma ne sono state registrate nel corso della storia decine di migliaia, la prima delle quali nel 352 a Roma per "battere cassa", secondo le ► abitudini di famiglia: cioè, per chiedere la costruzione di una chiesa, che è l'odierna basilica di Santa Maria Maggiore.

Quando si entra su un terreno scivoloso, però, si rischia di scivolare stupidamente. Ad esempio, Giovanni Paolo II sostenne di essere stato salvato nell'attentato del 1981 *a Roma* dalla Madonna *di Fatima*, e andò a ringraziarla *in loco* più di una volta. Come se le Madonne che appaiono in luoghi diversi fossero diverse fra loro, e nel caso suo si trattasse della particolare Madonna di Fatima in trasferta a Roma.

Inoltre, le ► statue dell'apparsa erette sui luoghi delle apparizioni finiscono per diventare apparenti oggetti di culto. Così una statua della Madonna di Fatima è diventata la Madonna Pellegrina e gira permanentemente il mondo a fare la questa. Nel 2013 è solennemente approdata in Vaticano in elicottero ed è stata venerata dai due ► papi Benedetto XVI e ► Francesco, devotamente uniti nella confusione mentale.

Applausi   Un giorno il logico Georg Kreisel stava parlando nel suo ufficio di Stanford con dei colleghi, quando si sentì da fuori un lontano applauso e lui commentò immediatamente: «Sono sicuro che non c'è motivo di applaudire». Si trattava di una conscia o inconscia fede nella rivelazione di Sturgeon, secondo la quale il 90% delle cose sono ► cazzate: comprese quelle che si applaudono, ovviamente.

Ma oltre a ciò che si applaude, sono cazzate anche gli applausi stessi. Visti dal di fuori, infatti, non danno un bello spettacolo gli esseri umani che sbattono l'una contro l'altra le mani, come tante scimmie o selvaggi. D'altronde, gli applausi servivano nell'antichità per coprire le urla delle vittime sacrificali e per salutare i gladiatori vittoriosi.

L'aspetto più interessante degli applausi è forse quello che nessuno nota: il modo, cioè, in cui si produce il suono. Anche un «applauso a una mano sola», come nel famoso *koan*, crea onde acustiche nell'atmosfera, benché in genere di frequenza inferiore all'udibile. Ma due mani insieme arrivano a far fuoriuscire l'aria compressa persino a velocità superiore a quella del suono, provocando un'onda d'urto analoga a quella degli aerei supersonici quando superano Mach 1 (circa 1.200 chilometri all'ora).

Aria condizionata Una delle manifestazioni della stupidità statunitensi, ormai diffusa in mezzo mondo, è che la gente pretende di avere in casa d'estate le temperature che ci sono fuori d'inverno, e d'inverno quelle che ci sono fuori d'estate. Il che costringe a indossare in casa maglioni invernali d'estate, e magliette estive d'inverno. Ma anche a ► sprecare molta energia, che ci costa cara non solo dal punto di vista economico, ma anche da quello ► ambientale.

I condizionatori di una volta erano molto stupidi: funzionavano a clorofluorocarburi, come d'altronde facevano le bombolette *spray* e i refrigeranti per frigoriferi, e rilasciavano cloro nella stratosfera. Uno degli effetti era il famoso buco nell'ozono scoperto nel 1985 sull'Antartide, per ridurre il quale il Protocollo di Montréal del 1987 ha bandito i clorofluorocarburi.

Molti condizionatori di oggi sono meno stupidi, ma non sono comunque ► intelligenti: funzionano a idroclorofluorocarburi, che abbattono la distruzione dell'ozono del 95%, ma non completamente. E il rapido aumento dell'uso di questi condizionatori in paesi molto popolati, come l'India e la Cina, sta rimangiandosi il vantaggio ottenuto dal cambiamento, in un'eterna «corsa della Regina Rossa» tra intelligenza e stupidità ambientali.

Arte moderna   Ennio Flaiano diceva in generale: «La stupidità degli altri mi affascina, ma preferisco la mia». E come corollario traeva in particolare: «Io non compro arte moderna, me la faccio da me». Effettivamente nessuno avrebbe problemi a farsi da sé gli stupidi barattoli di ► *Merda d'artista* di Piero Manzoni (1961), ispirati all'altrettanto stupido orinatoio della *Fontana* di Marcel Duchamp (1917).

Se molti artisti moderni sono descritti dall'altro aforisma di Flaiano: «Oggi i cretini sono pieni di idee», molti collezionisti sono descritti da una sua variazione: «Oggi i cretini sono pieni di soldi». Così, mentre una volta Giulio II e Paolo III sponsorizzavano Michelangelo, e Federico il Grande ispirava Bach, oggi i Rockefeller distruggono i *murales* di Diego Rivera e gli Agnelli commissionano ritratti a Andy Warhol.

Che gli artisti moderni siano spesso nudi lo vedono anche i bambini, che infatti se la ridono nei Musei di Arte Moderna, alle Biennali e alle mostre. Ma gli adulti, quand'anche lo vedano, devono far finta di niente per la tirannia del ► politicamente corretto. E così, per paura di sembrar stupidi a dire che «la merda d'artista è una cagata pazzesca», finiscono per esserlo veramente.

A simov (Isaac) È stato il poeta Friedrich Schiller a far dire nel 1801, alla sua *Pulzella d'Orléans*, che «contro la stupidità neanche gli dei possono nulla». Ma è stato lo scrittore di fantascienza Isaac Asimov a rendere popolare il motto nel 1972, fin dal titolo del suo romanzo *Neanche gli dei*, a sua volta diviso in tre parti: "Contro la stupidità", "Neanche gli dei" e "Possono nulla".

Per Schiller la stupidità in questione si manifestava nella reazione all'azione positiva dell'eroina Giovanna d'Arco. Per Asimov, al contrario, si manifesta nella mancata reazione all'azione negativa di una sorta di dottor Stranamore, i cui progetti mettono a repentaglio la stabilità sia del nostro mondo, sia di un ▶ universo parallelo.

Gli stupidi possono dunque procurare guai al prossimo in due maniere contrapposte: o rendendo la vita impossibile a coloro che hanno idee sensate e utili, impedendo loro di metterle in pratica, o spianando la strada a coloro che hanno idee insensate e dannose, aiutandoli a realizzarle.

A loro volta, gli ipotetici dei si rivelano impotenti nei confronti degli stupidi in due maniere complementari: non riuscendo a impedire né la loro ottusa opposizione ai piani sensati, né la loro entusiastica adesione a quelli insensati.

Assunta   L'Assunzione di Maria al cielo «in ► anima e corpo» è stata proclamata da Pio XII nel 1950. Jung l'ha diplomaticamente definita «lo scandalo del ► dogma mariano», ma bisognerebbe parlare apertamente di una stupidaggine. Cosa significa infatti «andare in cielo col corpo», come le leggende del *Secondo* ► *Libro dei Re* e degli *Atti degli apostoli* narrano sia avvenuto anche per Elia e ► Gesù?

Il cardinal ► Bellarmino si domandò a suo tempo dove potesse essere finito il corpo di quest'ultimo, e rispose che stazionava proprio sotto le Stelle Fisse. Ma poiché oggi sappiamo che nessun «corpo» può viaggiare a velocità superiore a quella della luce, due degli astronauti si troverebbero a meno di duemila anni luce da noi, e il terzo non molto più lontano. Dunque, starebbero ancora tutti e tre dentro la Galassia e dovrebbero essere avvistabili sulla verticale di Gerusalemme, in fila indiana.

Che gli ► Ebrei di allora potessero credere a queste cose, passi, anche se molti popoli antichi erano più furbi. Ma che oggi qualcuno venga a raccontarci seriamente queste cose fa dubitare della sua sanità mentale. E infatti Pio XII ha affermato di aver visto il ► Sole Rotante per tre giorni al momento della proclamazione del dogma, a conferma del dubbio.

Astrologia Gli antichi guardavano agli astri in un modo di cui resta tuttora traccia nei termini che hanno come radice *sidera* o *astra*, che significano entrambi «stelle». Ad esempio, *considerare* e *astrologare* significano osservare le stelle e domandarne il responso, *assiderare* è subirne l'influsso glaciale, *disastrare* è andare o ritrovarsi contro gli astri, e *desiderare* è rimpiangerne la mancanza e attenderne il ritorno.

Benché all'astrologia mitologica si sia da tempo sostituita un'astronomia scientifica, per molto tempo gli esperti nei due campi furono le stesse persone. Per questo sant'Agostino, che voleva in realtà prendersela con gli astrologi, diceva nella *Genesi alla lettera*: «Il buon cristiano deve stare attento ai matematici, perché c'è il pericolo che abbiano stretto un patto col Diavolo per annebbiare lo ► spirito e mandare l'uomo all'Inferno».

Oggi però solo gli stupidi con lo spirito annebbiato continuano a credere all'astrologia: ad esempio, interessandosi della bufala degli ► oroscopi. Contenti loro, contenti tutti, anche se sarebbe molto più sensato interessarsi degli influssi veri che gli astri hanno su di noi, a partire dalle maree, invece che degli influssi falsi che non hanno, a partire dalle influenze sul carattere.

Auditel   L'Auditel è un meccanismo che misura la stupidità del pubblico della ► televisione in base al gradimento dei programmi: più un programma piace, e più sono stupidi il programma stesso e il suo pubblico. Non a caso Arbore ne intitolò uno dei suoi *Meno siamo e* ► *meglio stiamo* (2005), ovviamente con un minimo riscontro all'Auditel. Perché il pubblico in generale, e soprattutto quello della prima serata, non gradisce nessuna libera uscita dai cammini strabattuti del varietà, dei *quiz*, delle *fiction* e dei *reality*, e qualunque tentativo di proporgli qualcosa di diverso dalla sbobba a cui è assuefatto fa la fine delle evangeliche perle ai porci.

Purtroppo l'Auditel ha riversato il suo perverso influsso anche sui ► libri, visto che i lettori sono ormai anche telespettatori. Uno sguardo alle classifiche dei libri più venduti mostra che i maggiori successi sono spesso opera di conduttori di programmi televisivi o di loro ospiti fissi: in genere, ► giornalisti gli uni e gli altri. L'effetto mediatico che programmi come il *Maurizio Costanzo Show* di una volta, e *Che tempo che fa* di Fabio Fazio ora, hanno sulle vendite dei libri completa il legame perverso che si è instaurato fra la ► televisione e la cultura, riducendo la seconda a una stupida appendice della prima.

Automobili *Il Lupo della steppa* (1927) di Hermann Hesse si conclude con una simbolica lotta fra uomini e macchine, che lascia dappertutto «automobili schiacciate, contorte, mezzo bruciacchiate». Già allora appariva ormai chiaro a uno scrittore sensibile che è stupido pretendere di muovere tonnellate di metallo per spostare qualche chilo di ▶ carne, soprattutto sottraendo ▶ petrolio prezioso dal sottosuolo e immettendo gas tossici nell'atmosfera.

Eppure nella seconda metà del Novecento il cartello delle grandi fabbriche automobilistiche europee è riuscito a imporre ai governi una scelta oscurantista di trasporti su auto e camion. Soltanto la Svizzera ha gradualmente dirottato tutto il trasporto delle merci su rotaia, bonificando strade e autostrade dai Tir, mentre il resto d'Europa potenziava la rete autostradale e il ▶ traffico pesante.

Ma anche il traffico leggero non è meno stupido, visti gli effetti negativi che ha sulla qualità della ▶ vita. Eppure le ottuse avversioni dei commercianti alle zone pedonali cittadine e dei no-TAV all'alta velocità ferroviaria, unite alla refrattarietà dei sedentari cittadini alle passeggiate e alle pedalate, impediscono al meridionale paese del Sole di aspirare ai livelli di vivibilità dei settentrionali paesi della pioggia.

B

Babbo Natale e la Befana Ogni anno a ► Natale arrivano Gesù Bambino, i Re Magi, la stella cometa e il presepe: tutte cose che, bene o male, hanno a che fare con la leggenda evangelica. Ma nello stesso periodo arrivano anche Babbo Natale e la Befana, che invece sembrano sbucare fuori dal nulla.

Babbo Natale è un tipico esempio di stupidità mitopoietica. In principio infatti era Nicola di Bari: non il cantante, ma il santo dell'Asia Minore, famoso nell'antichità per il dubbio merito di aver preso a schiaffi Ario al Concilio di Nicea. L'associazione con Bari deriva dal fatto che una parte delle sue spoglie, sparse in varie città, si trova appunto in Puglia. E l'associazione con Babbo Natale, ancora più assurda, dal fatto che il suo nome nordico è Sankt Nikolaus, da cui Santa Claus. L'apparenza cicciottella e barbuta e il vestito rosso, infine, sono un'invenzione dello scrittore Clement Moore nella poesia *Visita a San Nicola* (1823).

Quanto alla Befana, il nome è una storpiatura di *epifania*, che a sua volta significa «► apparizione» e ricorda l'arrivo dei Re Magi guidati dalla stella cometa. Il legame con la ► strega benevola a cavallo della scopa è ovviamente un sincreti(ni)smo pagano, e conferma che le stupidità sacre e profane convivono felicemente.

Banche Tutti sanno che ▸ Dante pone gli usurai nel terzo girone del settimo cerchio dell'*Inferno*. Ma pochi sanno che nel Medioevo gli usurai non erano, come oggi, coloro che prestano denaro a tassi esorbitanti (secondo la legge: superiori di quattro punti al tasso medio aumentato di un quarto). Bensì coloro che prestavano denaro a *qualunque* interesse: cioè, gli odierni banchieri.

Tutti sanno anche che i ghetti, il primo dei quali fu inaugurato a Venezia ai tempi di Dante e l'ultimo a Varsavia ai tempi di ▸ Hitler, erano zone di confinamento degli ▸ Ebrei. Ma pochi sanno che il confinamento in origine non era di natura ▸ razziale, bensì economica: si basava, cioè, sul fatto che gli Ebrei maneggiavano lo «sterco del Diavolo» che era intoccabile dai cristiani. Il problema, di nuovo, erano i banchieri.

Oggi i cittadini e gli stati hanno stupidamente permesso che le banche speculassero sui loro risparmi privati e sui loro debiti pubblici, diventando «troppo grandi per fallire». Centinaia di miliardi sono stati investiti negli Stati Uniti e in Europa per salvarle, ma forse è venuto il momento di tornare a considerare i banchieri paria della società e reietti da ▸ Dio, rinchiudendoli di nuovo in ghetti e mandandoli all'inferno.

Barba e capelli È abbastanza stupido chiedere a un barbuto capellone perché si fa crescere barba e capelli, visto che la risposta è ovvia: «In realtà crescono da soli». Semmai sarebbero coloro che si tagliano la barba e/o i capelli a doverne dare spiegazione: soprattutto chi, com'è di moda in Occidente, si rade la barba ma non i capelli, con un uso che è tanto innaturale e stupido quanto il suo contrario.

Gli Egizi si radevano la barba, ma i faraoni ne mettevano una finta: il che è tanto strano quanto un monaco che si rada la testa ma indossi una parrucca. I Greci si radevano perché Alessandro era glabro, e gli islamici non si radono perché ► Maometto portava la barba. Entrambe le motivazioni sembrano stupide, ma ► Montesquieu ha insegnato che gli usi degli altri appaiono sempre assurdi: i propri no, ma lo sono altrettanto.

Quanto ai capelli, in genere da noi gli uomini li portano corti e le ► donne lunghi. Ma forse non lo farebbero né gli uni né le altre, se sapessero che si tratta di uno stupido uso introdotto da san Paolo, che dice nella *Prima lettera ai Corinzi*: «È la Natura stessa a insegnarci che è indecoroso per l'uomo lasciarsi crescere i capelli, mentre è una gloria per la donna: la chioma le è stata data a guisa di ► velo».

Bellarmino L'Inquisizione è stata uno degli strumenti storici usati dalla stupidità ► religiosa per schiacciare l' ► intelligenza scientifica. E il simbolo di questa lotta tra l'oscurantismo e l'illuminismo è stato il cardinal Bellarmino, proclamato da Pio XI santo nel 1930 e dottore della Chiesa nel 1931.

La vittima più nota del cardinale fu Giordano Bruno, reo di aver parlato nella *Cena delle ceneri* (1584) di uno spazio infinito, con infiniti mondi in evoluzione per un tempo infinito: una visione già anticipata da Lucrezio, e oggi parte del nostro immaginario cosmologico. E di aver anticipato nel *De la causa, principio et uno* (1584) il principio cosmologico di Einstein, secondo il quale l' ► universo appare nello stesso modo da qualunque punto e in qualunque direzione lo si osservi.

Bellarmino impose anche il silenzio a Galileo Galilei, proibendogli di «difendere, insegnare e trattare» il sistema copernicano. Lo scienziato tacque fino alla ► morte del cardinale, ma poi si ringalluzzì e difese nel *Saggiatore* (1623) l'atomismo, e nei *Dialoghi sopra i due massimi sistemi* (1632) l'eliocentrismo: cioè, due dei cardini della scienza moderna. E mal gliene incolse, perché il problema non era la mortale e furba persona di Bellarmino, ma l'immortale e stupido ► dogmatismo della Chiesa cattolica.

Benedetto XVI   In termini di categorie letterarie, il papato di Benedetto XVI ha rappresentato una tragedia, mentre quello di ► papa ► Francesco si è rivelato essere una commedia. Ratzinger proveniva dall'Europa del Nord, si indirizzava agli intellettuali e teneva loro ► discorsi dottrinali come a Ratisbona. Bergoglio arriva dall'America del Sud, si appella al popolo e lo ammalia con espedienti ► pubblicitari come la Misericordina. Il discorso di Ratisbona in bocca a Bergoglio suonerebbe tanto stonato, quanto la scatoletta di Misericordina in mano a Ratzinger apparirebbe imbarazzante.

Che gli italiani e i loro *media* non abbiano amato Ratzinger, e adorino invece Bergoglio, è in fondo soltanto l'ennesima dimostrazione del fatto che l'Italia è più vicina intellettualmente all'America del Sud di quanto sia vicina geograficamente all'Europa del Nord. O, in una metafora musicale, che il nostro orecchio è più sintonizzato sui tanghi di Piazzolla che sui quartetti di Beethoven. O, nella metafora economica del cardinal Dolan, che siamo più sensibili alle lusinghe della pubblicità che ai discorsi sul prodotto. O, fuori da ogni metafora, che siamo più stupidi e ignoranti di quanto crediamo di essere furbi e colti.

Bergson (Henri) La seconda legge di ▸ Cipolla stabilisce che la percentuale degli stupidi è la stessa in qualunque gruppo di persone, premi Nobel compresi. Ed è confermata da Henri Bergson, alfiere dello «slancio vitale» tanto amato dagli amanti dello ▸ spirito e dai discepoli del ▸ *New Age*, che vinse appunto nel 1927 il premio Nobel per la letteratura.

In *Due fonti della morale e della religione* (1932) Bergson propose un traballante argomento che elevava il misticismo a prova dell'esistenza di ▸ Dio: «L'accordo fra i mistici, non solo cristiani, è il segno di un'identità d'intuizione che si può spiegare nel modo più semplice con l'esistenza reale dell'essere col quale si credono in comunicazione».

Ma il record di stupidità l'aveva già stabilito in *Durata e simultaneità* (1922), che intendeva modestamente confutare la teoria della relatività! Bergson arrivò persino a sfidare Einstein in un dibattito alla Società Francese di Filosofia, dal quale uscì così malconcio che non si riprese più per tutta la vita. Oggi l'imbarazzante ▸ libro è sparito dall'edizione ufficiale delle opere complete del filosofo, ma l'infelice dibattito è rimasto nella storia. Quanto ad Einstein, ogni volta che sentiva nominare Bergson si limitava a invocare: «Che Dio lo perdoni».

Berlusconi (Silvio) Nel ▶ libro XIX dell'*O-dissea*, quando Ulisse incontra in incognito Penelope dopo il suo ritorno a Itaca le dichiara di essere il nipote di Minosse, re di Creta: l'isola dei mentitori, secondo il famoso paradosso di Epimenide sui cretesi che non dicono mai la ▶ verità. Anche Silvio Berlusconi svelò la propria natura di mentitore cretese, quando dichiarò al Parlamento che una *escort* minorenne di sua conoscenza era la nipote di Mubarak.

Come tutti i ▶ politici, Berlusconi ha avuto solo due possibilità: essere stupido o fare lo stupido, e le ha realizzate entrambe. Ad esempio, quando ha dichiarato più di una volta, e in maniera così convinta da far pensare che ci credesse per davvero, che in Cina durante le carestie i ▶ comunisti bollivano i bambini che erano morti di fame, ci concimavano i campi e addirittura se li mangiavano.

Con la sua mania di grandezza Berlusconi non ha voluto soltanto imitare Ulisse nella menzogna e ▶ Bush nella stupidità, ma anche Caligola nell'arroganza: ha dunque nominato consigliere regionali, parlamentari e ministre le proprie oche, come l'imperatore aveva nominato senatore il proprio cavallo. Anche se, come sempre succede con i politici, per quanto stupido sia stato lui, più stupidi sono stati i suoi elettori.

Berra (Yogi) Yogi Berra fu un famoso campione di baseball degli anni '50, alla stregua di Joe DiMaggio. Tanto famoso da ispirare il personaggio dei cartoni animati Yogi Bear, da noi noto come Orso Yoghi. E da poter apostrofare in un'udienza il ▸ papa (nella fattispecie, Giovanni XXIII) con un *Hello, Pope*, ricevendone in risposta un simmetrico *Hello, Yogi*.

Yogi era in realtà un soprannome, affibbiatogli da un amico per la strana posizione che il giocatore assumeva, seduto a terra a gambe incrociate, nell'attesa del turno per battere la palla. Ma più che a uno *yogi* indiano Berra assomigliava a un monaco *zen* giapponese, per gli originali *koan* che spiazzavano gli stupidi. Il primo, che lo rese famoso anche per questo, fu la risposta a un cronista che dopo una sconfitta gli chiedeva se il campionato fosse finito: «Non è finita fin che non è finito».

Alcuni di questi *koan* sono dei veri e propri capolavori. Ad esempio: «Quando arrivi a un bivio, prendilo». O: «Se vai ai ▸ funerali degli altri, loro verranno al tuo». O: «La teoria e la pratica in teoria sono uguali, ma in pratica sono diverse». Ma molti di quelli che gli sono attribuiti sono forse apocrifi, come confessò lui stesso dicendo: «Non ho veramente detto tutto ciò che ho detto».

Blake (William)   Quando la stupidità si combina con l'arroganza, lo spettacolo che ne risulta non è piacevole da guardare. O da leggere, come nel caso del romantico inglese William Blake, in generale, e della sua poesia *Sfottete, sfottete* (1796), in particolare. In essa egli accusa ► Voltaire e Rousseau di gettare inutilmente sabbia intellettuale contro il vento dello ► Spirito, che gliela risoffierà negli occhi.

Come esempio di questa sabbia Blake cita esplicitamente «gli atomi di Democrito e le particelle di luce di Newton», dimostrando di pensare che la comprensione dei meccanismi scientifici di ciò che ci circonda dissolva la poesia dalla visione del mondo, e di non capire che tutto ciò che vede il miope occhio del poeta continua invece a vederlo anche l'acuto occhio dello scienziato.

È semmai un poeta stupido come Blake a rimanere sordo di fronte a ciò che un ► genio come ► Feynman dice nel documentario *Il piacere di scoprire* (1981): «Io apprezzo la bellezza di un fiore come l'artista, ma ci vedo molto di più di lui. Non c'è solo la bellezza macroscopica, c'è anche quella microscopica delle strutture e dei processi. La scienza *aggiunge* molto al mistero e alla meraviglia del fiore, ma non *sottrae* nulla».

Borsa   I *media* si divertono ad annoiarci con i dettagli sui saliscendi di quel *rollercoaster* frattale che è la Borsa. Ecco dunque un diluvio di strilli sui ► giornali e in ► televisione, che a seconda dei giorni piangono il crollo e la dissoluzione di miliardi in fumo, o inneggiano al recupero e al ritorno dei capitali. Naturalmente le notizie giornaliere sono inutili da seguire, senza l'ausilio di tabelle o grafici che indichino il *trend* alla lunga, ma proviamo a fare un paio di calcoli.

Supponiamo che ieri mattina il valore della Borsa fosse 100, che durante la giornata si sia avuto un rialzo del 10%, e che oggi sia invece avvenuto un crollo del 10%. Intuitivamente, stasera la Borsa si dovrebbe ritrovare al punto in cui era ieri mattina, essendo prima salita e poi scesa della stessa percentuale. Ma se era partita da 100, dopo il rialzo del 10% di ieri valeva 110, e dopo il ribasso del 10% di oggi varrà 99.

E se il rialzo e il ribasso fossero avvenuti in ordine inverso? In tal caso ieri sera, dopo un ribasso del 10%, la Borsa valeva 90, e stasera, dopo un rialzo del 10%, varrà di nuovo 99. Che la matematica ci stia dicendo che la Borsa è un gioco stupido come quello di *War Games*, in cui l'unico modo di vincere è non giocare?

Bouvard e Pécuchet Bouvard e Pécuchet, protagonisti dell'omonima opera postuma (1881) di ► Flaubert, sono assurti a simbolo della stupidità umana. Nel corso della loro vita essi si interessano via via di tutto lo scibile umano: l'agricoltura, le scienze naturali, l'archeologia, la storia, la letteratura, la politica, l'amore, la filosofia, la ► religione, la pedagogia e le riforme sociali. Per fortuna, risparmiano almeno la matematica.

Non è ben chiaro se per l'autore la stupidità dei suoi protagonisti risieda negli argomenti stessi. O nella loro enunciazione popolare. O nell'incapacità di Bouvard e Pécuchet di fare un uso sensato del sapere che via via acquisiscono. O nell'impossibilità di poterlo fare. Probabilmente tutte le cose insieme, visto che Flaubert avrebbe voluto usare come sottotitolo della sua opera *La sconfitta del metodo delle scienze.*

Non è nemmeno chiaro se lo scrittore si considerasse un osservatore esterno della stupidità, o un suo fruitore interno. Lui stesso dichiarò a Maxime Du Camp: «Voglio produrre una tale impressione di stanchezza e noia, che leggendo questo ► libro si possa credere che sia stato scritto da un cretino». Probabilmente ha dovuto impegnarsi, ma certamente c'è riuscito.

Brown (Dan) Come dimostrano i 200 milioni di copie vendute della quadrilogia di avventure del professor Robert Langdon, Dan Brown ha un'indiscussa capacità di scendere al livello dei propri lettori. Il problema è se sia solo un furbone in grado di menare per il naso gli allocchi, o se invece sia anche lui uno di loro, all'insegna del motto: «Il vero stupido è quello che lo è, non quello che lo fa».

A favore della prima ipotesi c'è il fatto che Dan Brown ha sicuramente un certo ► senso dell'umorismo. Ad esempio, prima della fama ha pubblicato un ironico *187 uomini da evitare* (1994), sotto lo pseudonimo di Danielle Brown: un'autrice presentata come «un'insegnante che evita gli uomini», e che identifica come uno dei tipi di uomini da evitare «quello che scrive ► libri di autocoscienza per le ► donne».

A far propendere per la seconda ipotesi ci sono invece le solenni ► scienziaggini che Dan Brown ha disseminato nei suoi romanzi: soprattutto quelli meno apertamente demenzial- ► religiosi e più apparentemente tecnologici, come *Crypto* (1998) e ► *Angeli e demoni* (2000), precedenti al *Codice da Vinci* (2003). La ► verità sta probabilmente nel mezzo: Dan Brown lo stupido un po' lo fa e un po' lo è, a differenza dei suoi lettori.

Buddha Non si può negare che, fra le varie ► religioni, il buddhismo sia quello che in teoria dice meno stupidaggini. Anzitutto ha un approccio fisio-psicologico, sostanzialmente scientifico, alla pratica religiosa come cura dei disagi mentali derivanti dall'attaccamento e dal desiderio. E poi ha un atteggiamento antimetafisico, sostanzialmente decostruzionista, nei confronti delle problematiche ► teologiche ed esistenziali.

In pratica, però, anche il buddhismo indulge in una mitologia che di stupidaggini ne dice parecchie. Ad esempio, pretende che il fondatore sia nato da una madre ingravidata in maniera miracolosa e asessuata da un elefante bianco, dando alla luce il prodigioso figlio senza dolore e da un fianco: una specie di anticipazione del non più furbo mito della Madonna «vergine prima, durante e dopo il parto».

Sia di Buddha che di ► Gesù le persone di buon ► senso e la ricerca storico-critica mettono in dubbio non soltanto l'esistenza storica, ma soprattutto l'agiografia mitologica: non parliamo del ritorno futuro, rispettivamente come Buddha Maitreya e come Giudice Universale. Ma il buddhismo sembra essere più serio, se non altro perché si prende meno sul serio, del cristianesimo.

Burocrazia   Nei suoi due romanzi postumi, *Il processo* (1925) e *Il castello* (1926), Franz Kafka ha narrato metaforicamente l'incessante e sfibrante lotta tra la burocrazia e il cittadino. Che è anche la lotta tra l' ► intelligenza militare o meccanica, da un lato, e l'intelligenza umana o intuitiva, dall'altro: cioè, tra la macchina che pretende di meccanizzare l'uomo, e l'uomo che non dispera di umanizzare la macchina.

La burocrazia si manifesta anzitutto nell'ossessiva richiesta di dati personali, a partire da «cognome e nome, data e luogo di nascita, codice fiscale»: evidentemente, nessuno degli stupidi ingranaggi militari della macchina si è mai accorto che l'ultimo dato codifica anche i primi quattro. Lo stesso succede per l'IBAN, spesso richiesto insieme ad altre informazioni da esso codificate, come i dati della ► banca e della filiale.

I luoghi pubblici, reali o virtuali, sono ormai tutti presidiati da ottuse sentinelle che pretendono costantemente le più svariate parole d'ordine: documenti, numeri di telefono, indirizzi fisici o elettronici, *passwords*, codici di accesso... Il tutto, naturalmente, all'insegna della stupida e inesistente *privacy*. Ma solo negli orari di apertura, scelti kafkianamente in modo da coincidere con i tempi di lavoro delle persone normali.

Bush (George W.) Nel 1991 George W. Bush, per un attimo a tu per tu con la regina Elisabetta a un ricevimento a Washington, le domandò: «Maestà, io sono la pecora nera della mia famiglia: qual è la sua?», e lei gli diede una rispostaccia: «Non sono affari suoi». Nel 2007, ormai presidente, a un altro ricevimento la ringraziò «per aver aiutato le celebrazioni del bicentenario nel 1776», ricevendone questa volta un'occhiataccia.

Se l'immaturo George Bush *junior* era uno stupido figlio di presidente, noto per il suo alcolismo, il "maturo" George W. Bush era uno stupido presidente, noto non solo per il suo fondamentalismo ► religioso, ma anche per gli errori, così imbarazzanti e numerosi da essere divenuti un genere a sé stante: i cosiddetti «bushismi». Ad esempio, «vulcanizzare» per «balcanizzare», o «rassegnare» per «risuonare».

Ma il suo capolavoro di stupidità è forse una dichiarazione del 3 maggio 2003: «Le nazioni libere sono pacifiche, le nazioni libere non si attaccano a vicenda, le nazioni libere non sviluppano armi di distruzione di massa». Detto dal presidente dell'unica nazione che ha sviluppato e usato le bombe atomiche, nei due più efferati atti di ► terrorismo compiuti nella storia dell'umanità.

C

Cani e gatti   In genere si dice che i cani sono animali ▸ intelligenti, perché vanno d'accordo con gli uomini. Ma poiché gli uomini sono in maggioranza stupidi, devono esserlo allo stesso modo anche i cani. Il sospetto è confermato dal fatto che, da un lato, si comportano spesso come ▸ matti, abbaiando in maniera sfibrante e tendendo a mordere senza motivo. E che, dall'altro lato, non vanno d'accordo con animali intelligenti come i gatti.

Che i cani siano stupidi e i gatti intelligenti è dimostrato dal fatto che i primi sono gregari, e i secondi no. I cani subiscono l'esistenza di un padrone, ne accettano di buon grado il comando e non riescono a sostenerne lo sguardo, a differenza dei gatti. In una parola, si comportano come stupidi sudditi in una ▸ dittatura, sempre pronti a scodinzolare festosamente al dittatore e a leccargli i piedi bavosamente.

Ma soprattutto i cani sono stupidi perché, come notava Darwin, mostrano di indulgere sia nella ▸ metafisica che nella ▸ religione. Nella prima, perché tendono ad attribuire cause animate a effetti inanimati, come quando abbaiano ai panni mossi dal vento. E nella seconda, perché nutrono verso il padrone lo stesso affetto, la stessa sottomissione e lo stesso timore che il fedele ha verso ▸ Dio.

Capitalismo   Nella *Teoria dei sentimenti morali* (1759) Adam Smith enunciò per la prima volta l'idea per cui divenne famoso: «I proprietari terrieri sono condotti da una mano ► invisibile a fare quasi la stessa distribuzione delle cose necessarie alla ► vita che sarebbe stata fatta se la terra fosse stata divisa in parti uguali tra tutti i suoi abitanti. E così, senza volerlo e senza saperlo, fanno progredire l'interesse della società».

Nelle opere di Smith, compresa la *Ricchezza delle nazioni* (1776), l'idea che una «mano invisibile» conduca il mercato verso l'equilibrio tra la domanda e l'offerta è solo un mito. Ma è il mito fondatore del liberismo, perché giustifica *a posteriori* qualunque comportamento che gli operatori economici adottino per i propri sporchi comodi, con la scusa che contribuisce a un pulito benessere generale.

Nel 1954 Kenneth Arrow e Gérard Debreu, in seguito premi Nobel per l'economia, dimostrarono che effettivamente la «mano invisibile» esiste in un mercato in cui ci siano due sole merci. Ma nei mercati reali il mito si rivela essere solo una stupidaggine, con buona pace dei liberisti, perché l'equilibrio non sempre esiste, se esiste non sempre si raggiunge, e se si raggiunge non sempre si mantiene.

Carne Il versetto 14 del *Salmo 104* dell' ► Antico Testamento recita: «Tu fai crescere i foraggi per gli animali, e l'erba per l'uomo». In un colpo di genialità ermeneutica, e senza pensare neppure per un momento all'insalata, i *rastas* della Giamaica intendono l'erba come l'Erba, cioè la *marijuana*, e praticano una ► religione in cui la ► transustanziazione psichedelica rimpiazza quella eucaristica. ► Ebrei e cristiani si ispirano invece al capitolo 9 del *Genesi*, nel quale ► Dio dice: «Quanto si muove e ha ► vita vi servirà di cibo». Con il beneplacito divino l'intero Occidente è dunque carnivoro, nonostante la cosa sia triplicemente stupida.

Anzitutto, per la fisiologia il nostro intestino è lungo, più da erbivoro che da carnivoro, e la lunga fermentazione in esso della carne si traduce in un'incidenza di cancri all'intestino e al colon molto maggiore che nei paesi vegetariani. Inoltre, per l' ► ambientalismo la carne è una fonte di energia indiretta e dispendiosa, e monopolizza il 90% delle coltivazioni mondiali per la produzione di mangimi. Infine, per l' ► animalismo l'allevamento è un'impresa inumana e disumana, anche se gli allevatori e i rivenditori non sono affatto stupidi, visto che il giro di affari della carne e dei salumi nella sola Italia vale 32 miliardi di euro l'anno.

Carrel (**Alexis**)　In genere alle ► apparizioni sacre credono solo le pastorelle ignoranti e i fedeli della stessa risma, ma a volte abboccano stupidamente persino dei premi Nobel. Uno recente è Luc Montagnier, scopritore del virus HIV dell'AIDS. Un altro remoto è Alexis Carrel, che in un suo viaggio a Lourdes nel 1903 sostenne addirittura di aver assistito alla guarigione miracolosa di una signora.

Nel 1910 Carrel tornò sul luogo del delitto e assistette a un'altra guarigione miracolosa, questa volta di un bambino. In realtà, il vero miracolato fu lui, perché lo scandalo provocato dalle sue dichiarazioni lo costrinse a emigrare dalla Francia al Canada, dove per un po' si dedicò all'agricoltura e all'allevamento. Ricevette poi un'offerta dall'Istituto Rockefeller di New York, e lì sviluppò le tecniche chirurgiche che lo condussero al premio Nobel per la medicina nel 1912.

In seguito divenne un acceso sostenitore dell' ► eugenetica, che difese in teoria nel ► libro *L'uomo, questo sconosciuto* (1935), e implementò in pratica da una posizione di potere durante il regime ► filonazista di Vichy. Il suo collaborazionismo lo portò alla sbarra dopo la fine della ► guerra, ma morì prima del processo e fu seppellito insieme alla sua stupidità.

Cazzate Nel 1958 Theodore Sturgeon, difendendo la fantascienza dall'accusa che il 90% delle sue opere sono «cazzate» (*crap*), contrattaccò sulla rivista *Venture*: «È vero, ma solo perché è così per tutte le forme d'arte. Anche il 90% del cinema, della letteratura e dei prodotti di consumo sono cazzate». La brutale affermazione che «il 90% delle cose che si fanno sono cazzate» divenne nota come rivelazione di Sturgeon, e fa il paio con il principio dei pochi ma buoni dell'economista Vilfredo Pareto: «Spesso l'80% degli effetti deriva dal 20% delle cause».

Queste rivelazioni, se corrette, gettano una luce desolante, oltre che imbarazzante, sulla qualità della nostra ► vita. Perché in tal caso sono cazzate quasi tutti i compiti che svolgiamo per dovere: gli impegni e i grattacapi quotidiani, le telefonate e le riunioni di lavoro, le pratiche e le seccature negli uffici, le compere nei negozi…

E sono cazzate anche quasi tutti gli svaghi che intratteniamo per piacere: i ► libri e i ► giornali che leggiamo, la musica che sentiamo, i film e i programmi che guardiamo, gli spettacoli e i concerti a cui assistiamo, gli sport che pratichiamo, i giochi che giochiamo, le feste a cui partecipiamo, le discussioni e le gite che facciamo…

Cellulari Quando i Lillupuziani dei *Viaggi di Gulliver* (1726) perquisiscono il protagonista, descrivono così il suo ► orologio: «Pensiamo che si tratti di qualche bestia sconosciuta, o del ► Dio che lui adora. Siamo anzi favorevoli a questa seconda ipotesi, perché ci assicurò che raramente intraprendeva qualche azione senza prima averlo consultato. L'ha definito il suo ► oracolo, dicendo che gli indicava il momento giusto per ogni azione».

Oggi non userebbero parole diverse per il nostro cellulare. Molti di noi, soprattutto gli adolescenti, lo accendono appena svegli la mattina. E durante la giornata lo consultano da decine a centinaia di volte, sia attivamente (in uscita) che passivamente (in entrata), per le attività più disparate: guardare l'ora, ammazzare il tempo con i giochini, inviare o ricevere messaggi, partecipare a *chats*, navigare in rete…

Al cellulare si parla persino con altri umanoidi, benché soprattutto per dire che non c'è rete, che si è persa la connessione, che siamo in galleria e che ci sentiremo domani, per ripeterci le stesse identiche cose. La maggior parte di queste attività sono già stupide di per sé, ma lo diventano ancor di più quando si pensa a quanto tempo e quanto denaro ► sprechiamo per dedicarci a esse.

Cervelli in fuga

Lasciarsi scappare i cervelli è uno dei modi che le nazioni autolesioniste adottano per elevare il proprio tasso di stupidità e abbassare l'altrui. Compresa l'Italia, che negli ultimi cinquant'anni ha visto sette italiani (Capecchi, Dulbecco, Giacconi, Luria, Modigliani, Montalcini e Rubbia) vincere il premio Nobel lavorando altrove: un'avanguardia di quel 4% dei laureati che vanno all'estero «a cercar padron miglior».

Nello stesso periodo l'America Latina ha perso un milione di scienziati. Mezzo milione sono emigrati dall'ex Unione Sovietica dopo la sua dissoluzione, e duecentomila dalla Cina. Centomila informatici lasciano l'India ogni anno. Un terzo dei lavoratori qualificati ha abbandonato l'Africa, privandola di medici, tecnici e professionisti. Il Terzo Mondo è dunque dissanguato da una vera "emorragia cerebrale".

È una delle facce del colonialismo moderno. La maggior parte di questi emigranti qualificati immigrano infatti negli Stati Uniti, dove un terzo degli ingegneri e degli scienziati è di origine straniera, così come più della metà di coloro che conseguono un dottorato scientifico. Sono gli eredi degli Einstein, dei von Neumann e dei von Braun che hanno permesso agli Stati Uniti di diventare la potenza che sono.

Ciarlatani L'ultimo caso conclamato di ciarlataneria in Italia è stato quello di Davide Vannoni, laureato in scienza delle comunicazioni, che aveva inventato nel 2005 il metodo Stamina per una «cura compassionevole» delle malattie rare basata sulle cellule staminali. A suo favore si schierarono l'intero Parlamento italiano, la trasmissione televisiva *Le Iene* e il suo pubblico, fino a quando Vannoni fu condannato nel 2015 per truffa.

Un caso analogo era successo tra il 1997 e il 2005, quando il medico Luigi Di Bella aveva proposto un metodo "alternativo" per la cura dei tumori, sollevando già allora l'entusiasmo del Parlamento, dei *media* e del pubblico, tutti favorevoli a qualunque ▸ scienziaggine, essendo ignoranti di qualunque scienza. Anche qui il Consiglio Superiore di ▸ Sanità confermò che il presunto metodo era solo una bufala.

Il mondo in generale, e il nostro paese in particolare, pullulano di ciarlatani pronti a prendere all'amo la gente ignorante e ottusa, a sua volta altrettanto predisposta e pronta ad abboccare alle loro esche. Che si tratti di ▸ maghi come Otelma, di imbonitori come Vanna Marchi o di miracolanti come ▸ Padre Pio, qualunque truffatore offre una gradita occasione agli stupidi di confermare la propria stupidità.

Ciechi Spesso usiamo stupidamente la metafora «essere cieco» per indicare l'incapacità di vedere l'essenza della realtà, quando dovremmo invece sapere che non solo l' ▶ invisibile c'è, ma costituisce la parte preponderante della realtà stessa. E infatti esiste una lunga lista di "ciechi visionari", dal matematico Eulero allo storico Prescott allo scrittore Borges, che pur avendo avuto problemi agli occhi del corpo hanno dimostrato di saper vedere benissimo con quelli della mente, arrivando ciascuno a produrre capolavori nel proprio campo.

Naturalmente non basta chiudere gli occhi un momento per sentire cosa si prova a essere un cieco, anche se dovrebbe essere più facile che immaginare cosa si prova a essere un ▶ pipistrello. Ci ha provato a spiegarlo la *Lettera sui ciechi a uso di coloro che vedono* (1749), nella quale ▶ Diderot arrivò a intuire alcuni aspetti dell'evoluzionismo. O il *Rapporto sui ciechi* (1961) di Ernesto Sabato, che analizza la stupida paura che ci fa chi non vede. O le *Memorie di cieco* (1990) di Jacques Derrida, che decostruiscono la vista alla luce del buio. O *Cecità* (1995) di José Saramago, in cui almeno, a differenza della ▶ vita, i ciechi riacquistano la vista che avevano perso.

Cipolla (Carlo)   Nel 1976 Carlo Cipolla ha pubblicato *Le leggi fondamentali della stupidità umana*, ripubblicate come *Allegro, ma non troppo* nel 1988.

Primo, il numero degli stupidi viene sempre sottostimato. Secondo, la probabilità che un individuo sia stupido è indipendente da qualunque altra sua caratteristica. Terzo, lo stupido causa danni ad altri senza vantaggio per sé, o traendone addirittura uno svantaggio. Quarto, il potenziale nocivo degli stupidi viene sempre sottovalutato. Quinto, tra i vari tipi di persone gli stupidi sono i più pericolosi.

La terza legge di Cipolla è in realtà una definizione dello stupido, e le sue variazioni permettono di definire gli altri tipi di persone ai quali allude nella quinta legge. Precisamente, ► *intelligente* è chi trae vantaggio per sé, facendone trarre anche ad altri. *Sprovveduto*, chi causa danni a sé, procurando vantaggio ad altri. *Bandito*, o *sfruttatore*, chi trae vantaggio per sé, causando danni ad altri.

In questo ► senso lo *stupido*, che causa danni a sé e agli altri, è il tipo più pericoloso di tutti. Che poi sia anche il più diffuso, è la dimostrazione che il nostro è il peggiore dei mondi possibili, con buona pace del Pangloss di ► Voltaire e degli stupidi come lui (Pangloss, non Voltaire!).

Coincidenze   Ci sono due tipi di «coincidenze significative»: quelle che le persone normali sperimentano come «casi strani della ► vita», e quelle che le persone anormali presentano come «esperienze ► paranormali». E ci sono due forme di atteggiamenti contrapposti e complementari al proposito: il credulone vedrà sempre all'opera una causalità soprannaturale, e l'incredulone sempre soltanto una pura casualità naturale.

Inutile dire che il credulone ha sempre torto, ed è dunque soltanto un grande stupido. L'incredulone invece ha quasi sempre ragione, ma a volte sbaglia pure lui, ed è dunque un piccolo stupido. Esistono infatti situazioni per le quali Carl Gustav Jung usava il termine *sincronicità*, e che definiva come «la relazione che lega due eventi che non sono collegati causalmente, ma neppure casualmente».

Sorprendentemente, l'esempio più inequivocabile di sincronicità viene dalla meccanica quantistica e si trova nel misterioso fenomeno dell'*entanglement*, che dimostra che ci sono più cose interconnesse in cielo e in Terra di quante ne sognassimo. Non è proprio la stessa cosa del vudù, che appartiene alla categoria delle ► scienziaggini, ma certo ci assomiglia vagamente, pur appartenendo alla categoria delle ► verità scientifiche.

Comunismo Nell'opera *Il calcolo economico nello stato socialista* (1920) Ludwig von Mises scriveva: «Dove non c'è un libero mercato non c'è un meccanismo per la determinazione dei ► prezzi, e dove non c'è un meccanismo per la determinazione dei prezzi non può esserci un calcolo economico». La pianificazione centrale diventa dunque sospetta, e rischia di causare «una sovrapproduzione di beni poco richiesti e una sottoproduzione di beni molto richiesti».

Le idee di von Mises furono poi sviluppate da Friedrich von Hayek, premio Nobel per l'economia, e si possono riassumere dicendo che «il comunismo è stupido, perché la pianificazione centrale è impossibile». D'altronde, gli studi sul ► capitalismo hanno portato all'analoga conclusione che anche «il capitalismo è stupido, perché la mano ► invisibile non esiste».

Sembra dunque necessario trovare una «terza via» tra il libero mercato del capitalismo e la pianificazione centrale del comunismo. Via che si può ovviamente declinare in due maniere complementari: o una socialdemocrazia che introduca elementi di pianificazione nel capitalismo, come nel Nord Europa, o un "demosocialismo" che introduca elementi di mercato nel comunismo, come in Estremo Oriente.

Conan Doyle (**Arthur**)   Sherlock Holmes è uno dei grandi *detective* della letteratura poliziesca. Le sue avventure sono state narrate da Arthur Conan Doyle in 4 romanzi e 56 racconti, a partire da *Uno studio in rosso* (1887), e hanno avuto innumerevoli adattamenti teatrali e cinematografici. La grande popolarità del *detective* inglese deriva dal suo metodo razionale di indagine, del tutto simile alla moderna scienza forense.

In una delle sue avventure più note, *Il segno dei quattro* (1890), Sherlock Holmes dichiara: «Io non ho mai tirato a indovinare. È un' ►abitudine riprovevole, distruttiva per le facoltà logiche». E in un'altra altrettanto famosa, *Il* ► *vampiro del Sussex* (1924), afferma: «Quando abbiamo eliminato tutto ciò che è impossibile, quello che rimane, per quanto improbabile, dev'essere la ► verità».

Il cervello dal quale è uscito un simile personaggio avrebbe dovuto essere ben ► vaccinato contro le stupidaggini, e invece nel 1920 Conan Doyle scese in campo in difesa dell'esistenza delle fate, visto che alcune ragazzine sostenevano di averle fotografate! Gli stupidi ovviamente si schierarono con lui, ma molti anni dopo fu "svelato" che si trattava di foto di sagome di cartone. Non doveva essere elementare, Watson?

Concordato   L'11 febbraio 1929 l'ex ateo Benito Mussolini tradì i princìpi risorgimentali che avevano portato a un'Italia laica e confinato il Vaticano oltre Tevere, e siglò con la Chiesa un vergognoso Concordato. Tra le misure del trattato brillavano per stupidità il sostentamento statale del clero, la proclamazione del cattolicesimo come religione di Stato e l'istituzione dell' ▶ ora di ▶ religione obbligatoria in tutte le ▶ scuole.

Il 25 marzo 1947 l'ex ateo Palmiro Togliatti tradì i principi comunisti che avevano portato a un'Italia antifascista e votò a favore del vergognoso recepimento del Concordato fascista nella Costituzione repubblicana. Tra le conseguenze dell'articolo 7 brillavano per stupidità i privilegi concessi ai cattolici, contrari all'articolo 3 che stabilisce l' ▶ uguaglianza di tutti i cittadini «senza distinzione di religione».

Il 18 febbraio 1984 l'ex ateo Bettino Craxi tradì i principi socialisti che avevano portato nel 1970 a un'Italia moderna con la legge sul ▶ divorzio e firmò con la Chiesa una vergognosa revisione del Concordato. Tra le misure del "nuovo" trattato brillavano per stupidità il sostentamento del clero (con l'8‰), l'ora di religione "facoltativa" e la validità civile dei ▶ matrimoni religiosi. *Ahi, serva Italia, di preti bordello…*

Controcorrente I salmoni nascono alle sorgenti dei fiumi, ma vivono la loro ► vita adulta in mare. Quando devono riprodursi tornano nei luoghi dove sono nati, nuotando controcorrente in un viaggio nel quale vengono decimati, in parte dalla stanchezza e in parte da orsi predatori. E i sopravvissuti muoiono dopo essersi riprodotti: una metafora del fatto che, nella vita, andare controcorrente è difficile, pericoloso e spesso fatale.

Paradossalmente, però, molti di coloro che navigano o nuotano lasciandosi comodamente trasportare dalla corrente della stupidità si cullano nell'illusione relativistica di procedere in direzione contraria. Ad esempio, ► papa ► Francesco ha più volte incitato i cristiani ad «andare controcorrente», quando ciò che intendeva dire era che devono continuare a seguire la corrente del gregge come tante brave pecorelle.

In realtà, andare controcorrente significa ben altro. Ad esempio, non indulgere in sciocche ► abitudini, non credere alle ► cazzate, non seguire i ► ciarlatani, non professare il ► politicamente corretto, non lasciarsi abbindolare dai ► politici, dalla ► pubblicità e dalla ► religione, mantenere uno sano ► scetticismo e rifiutare le ► superstizioni. Cioè, in una parola, nuotare come salmoni contro il fiume in piena della stupidità.

Controlli di sicurezza Diceva Henry David Thoreau: «Qualunque stupido può inventarsi una regola, e qualunque stupido la seguirà». La massima può essere presa a motto dei nostri tempi, in cui la ► paranoia del ► terrorismo spinge qualunque ► genio della ► burocrazia a inventare sempre nuovi controlli di sicurezza negli aeroporti, ai quali qualunque passeggero è felice di sottoporsi senza alcuna dignità.

Ormai gli imbarchi dei voli sono diventati passerelle della stupidità, dove i viaggiatori sono costretti a esibirsi nei ► riti più inutili con il solo fine di mantenere alto il proprio livello di tensione psicologica. A cosa mai può servire togliersi giacche, ► orologi, cinghie e scarpe, quando qualunque terrorista che voglia farci saltare può facilmente farlo prima dei controlli, come infatti è già successo a Bruxelles e Istanbul nel 2016?

Il record di stupidità è sicuramente raggiunto con le bottigliette di ► acqua minerale, che devono essere doverosamente depositate prima dei controlli e possono essere piacevolmente ricomprate subito dopo, in un evidente tentativo di raddoppiarne il già lucroso *business*. Tutte queste stupidaggini costano nei soli Stati Uniti un miliardo di dollari l'anno, ma non ci rendono nemmeno un centesimo più sicuri.

Coscienza Da sempre i filosofi e i ▶ teologi hanno speculato sulla coscienza, considerandola stupidamente il tratto caratteristico della nostra specie e il segno distintivo della nostra umanità. Comportarsi "secondo coscienza" sembrava loro un precetto primordiale, antecedente a qualunque ▶ etica. Ma non è mai venuto in mente a questi sapientoni il sospetto che stessero sopravvalutando un aspetto marginale della nostra fisiologia.

Se si informassero per aggiornarsi, si accorgerebbero ad esempio che molti decenni fa il neurochirurgo Benjamin Libet e il fisiologo Hans Kornhuber hanno scoperto che i comandi cerebrali all'azione *precedono* di mezzo secondo la decisione cosciente di compierla. Come può la volontà cosciente essere la causa di un'azione, se il cervello sta già eseguendola inconsciamente? Abbiamo forse scambiato per secoli un effetto per una causa?

Sempre molti decenni fa lo psicologo Larry Weiskrantz ha scoperto invece una strana sindrome, chiamata «visione ▶ cieca»: una cecità cosciente, accompagnata però da una visione inconscia, che permette di descrivere e manipolare oggetti che "a prima vista" non si percepiscono. Ma allora, a cosa serve esattamente la coscienza? E non l'avremo forse un po' troppo sopravvalutata?

Cravatta Nel penultimo capitolo dell'*Ulisse* (1922) Joyce, nel suo solito stile, si lamenta dell'assurdità della moda maschile dell'epoca: «Cosa gli causò irritazione nella posizione seduta? La pressione inibitoria del colletto inamidato (taglia 17) e del panciotto (5 bottoni), due articoli di abbigliamento superflui nel vestito dell'uomo maturo e inelastici all'alterazione della massa per espansione».

Nonostante la liberazione dei costumi avvenuta nel Novecento, la maggioranza degli uomini "maturi" occidentali rimane ancor oggi stupidamente vincolata alla cravatta: un anacronismo croato, che conserva nel nome le tracce della sua origine (da *hravat*, «croato»). La moda di indossarla fu introdotta in Europa da Luigi XIV, e oggi si continua a portarla soltanto per una stupida forza dell' ▸ abitudine.

Gli uomini incravattati ci tengono a mostrare, indossando un simbolico cappio al collo, che sono impiccati alle stupide regole della moda e del cerimoniale, dalle quali si lasciano condurre al guinzaglio: dai ▸ politici, che fino a poco tempo fa non potevano neppure entrare in Senato senza la cravatta, ai *managers*, tanto impegnati a mostrarsi creativi da non accorgersi neppure di essere schiavi delle consuetudini.

Creazionismo   Nel 1925 a Daytona, nel Tennessee, l'Associazione Mondiale dei Fondamentalisti Cristiani (un nome, un programma) denunciò il professore di biologia John Scopes per aver insegnato l'evoluzionismo, scatenando un circo mediatico che venne chiamato il «processo delle scimmie», e si concluse con la condanna dell'imputato: che era il professore, naturalmente, non il creazionismo.

Nel 1987, dopo la promulgazione in Arkansas e Louisiana di leggi sulla *par condicio* tra la biologia scientifica e la mitologia biblica, la Corte Suprema ha stabilito che «cercare di promuovere un creazionismo di tipo ▶ religioso o di proibire l'insegnamento di una teoria scientifica sgradita a certe sette religiose viola la Costituzione».

Chiuso un fronte, i creazionisti ne hanno aperti altri. In particolare, chiedendo di dare spazio alle prove "scientifiche" contro l'evoluzione, e alla teoria "scientifica" del Progetto ▶ Intelligente. Ma nel 2005 il tribunale di Dover, in Pennsylvania, ha stabilito che «il Progetto Intelligente è una particolare forma di cristianesimo», e non può pretendere di essere insegnato nelle ▶ scuole. Per una volta il buon ▶ senso degli uomini ha prevalso sulla stupidità degli anelli di congiunzione con la scimmia.

Crescita illimitata   Nel famoso *Saggio sul principio di popolazione* (1798) Thomas Malthus propose di considerare gli effetti di una crescita demografica a tasso costante. E non ebbe difficoltà a notare che si trattava di un'ipotesi irrealistica: la crescita sarebbe infatti aumentata esponenzialmente nel tempo, diventando presto insostenibile in un ambiente in cui le risorse disponibili sono invece, ovviamente, limitate.

Nella *Nota sulla legge che la popolazione segue nella sua crescita* (1838) Pierre-François Verhulst propose dunque un modello più realistico, nel quale il tasso di crescita non è costante, ma rallenta la crescita in eccesso e stimola quella in difetto. Esattamente ciò che succede in Natura nella lotta per la sopravvivenza del più adatto, come notò Charles Darwin nel suo storico studio su *L'origine delle specie* (1859).

Chissà perché, allora, i fautori del ▸ capitalismo non si sono ancora accorti che una crescita economica illimitata è insostenibile, e dunque che è stupido continuare a inseguire il miraggio di un continuo aumento del ▸ PIL. A meno che non si vogliano subire periodiche ▸ crisi e combattere periodiche ▸ guerre, che distruggano buona parte di ciò che avevamo costruito per permetterci di iniziare a ricostruirlo.

Criminali I criminali non sono stupidi di per sé, ma lo diventano se non si aggiornano sugli ultimi ritrovati della polizia investigativa. Spesso invece, nell'immaginario loro e del pubblico, il *detective* è ancora lo Sherlock Holmes di Arthur ► Conan Doyle o il Maigret di Georges Simenon: cioè, uno specialista di logica e psicologia, che rompe gli enigmi battendo il martello della ragione sull'incudine dell'intuizione.

L'impronta digitale, che costituiva la prova tecnica per eccellenza di questi *detective*, ha oggi ceduto il passo alla più sofisticata impronta biologica ottenuta dal DNA. È grazie a quest'ultima che la forensica sta diventando sempre più scientifica e pianificata, e sempre meno artistica e improvvisata: come d'altronde sta succedendo anche, e per fortuna, alla medicina, alla psicologia e all'economia.

Ormai l'analisi delle macchie di sangue evidenziate dal Luminol e il sequenziamento del DNA, lasciato sul luogo del delitto, anche in quantità minime riprodotte in milioni di copie dalla PCR (Reazione a Catena della Polimerasi), permettono di inchiodare o schiodare un numero sempre maggiore di colpevoli o innocenti. Il che porterà alla selezione naturale del criminale più adatto e alla scomparsa di quello meno adatto: cioè, più stupido.

Crisi *Il tulipano nero* (1850) di Alexandre Dumas padre racconta come negli ultimi anni del Cinquecento i ▶ prezzi di mercato dei bulbi olandesi salirono vertiginosamente, fino a raggiungere individualmente il prezzo di una casa o di un terreno. La bolla fu alimentata anche da quello che venne chiamato il «commercio del vento»: cioè, la vendita di bulbi inesistenti basata sulla sola intenzione di piantarli, che costituì uno dei primi *futures* del passato. Nel febbraio 1637 la bolla scoppiò, il mercato crollò e gli stupidi che avevano impegnato tutto ciò che avevano in una vuota speculazione finirono sul lastrico, come meritavano.

Sia la Grande Depressione, seguìta al crollo della ▶ Borsa di Wall Street nel 1929, sia la Grande Recessione, seguìta al crollo della bolla dei *subprimes* nel 2006, sono state causate da un meccanismo simile a quello dei bulbi: la stupida sostituzione del mercato reale delle merci e del lavoro con il mercato virtuale delle borse e delle ▶ banche. E poiché queste ultime sono ormai «troppo grandi per fallire», la crisi è diventata l'occasione per far stupidamente fallire al loro posto le decennali politiche sociali di tutela del lavoro e dei lavoratori, oltre che per far piazza pulita dei piccoli esercizi a favore dei grandi supermercati.

Croce (Benedetto) Benedetto Croce appartiene di diritto, insieme a Giovanni Gentile, al filone della stupidità idealista inaugurato da ► Hegel. Come ministri dell'Istruzione nei primi anni '20, entrambi hanno inaugurato una scellerata politica di sopravvalutazione delle materie umanistiche e sottovalutazione di quelle scientifiche che dura tuttora nella ► scuola, ed è stata ed è una concausa dell'analfabetismo scientifico del nostro paese.

Oltre che stupido Croce era anche «un asino ignorante e presuntuoso», come disse Giordano Bruno a uno che se lo meritava come lui. Nella *Logica come scienza del concetto puro* (1909), ad esempio, Croce scrisse della logica matematica: «I suoi nuovi congegni non sono finora entrati né punto né poco nell'uso. Vi entreranno nell'avvenire? La cosa non sembra probabile. Ma la loro nullità filosofica rimane, sin da ora, pienamente provata».

Un secolo dopo la logica matematica è invece diventata il fondamento della filosofia della matematica, da un lato, e dell'informatica, dall'altro. E i suoi congegni sono usati da miliardi di persone, filosofi idealisti compresi: si chiamano *computers* e permettono di rintracciare in un secondo in rete le asinate che Croce scriveva.

Crocifisso In *Come parlare sporco e influenzare la gente* (1967) il comico maledetto Lenny Bruce scriveva che, se ► Gesù fosse morto negli Stati Uniti a metà del Novecento, i cristiani porterebbero al collo una seggiolina elettrica d'oro o d'argento invece di un crocifisso. Il che ha dato all'artista Paul Fryer l'ispirazione per rappresentare un Gesù bianco su una sedia elettrica nel 1983, e uno nero nel 2007.

Il fastidio che queste provocazioni suscitano evidenzia, per contrasto, quanto il crocifisso sia penetrato nell'immaginario occidentale. Soprattutto in Italia, dove il regime fascista ne impose negli anni '20 l'ostensione nelle ► scuole e nei tribunali, con ordinanze che, a distanza di quasi un secolo, rimangono stupidamente in vigore nonostante le inutili proteste degli oppositori del clerico-fascismo.

Altrettanto stupidamente la Chiesa fa quadrato attorno al simbolo, oblivia del fatto che esso ricorda non soltanto la leggenda della ► morte di Cristo, ma anche e soprattutto la storia del proprio uso bellico: dall'*in hoc signo vinces* di Costantino, che prometteva la vittoria nel segno della croce, alle insegne degli antichi crociati che portavano una croce sul petto, così come quelli moderni se l'appendono al collo.

D

Dante Nel *Trattatello in laude di Dante* (1360 circa) il Boccaccio racconta che, quando il poeta morì, la *Commedia* era incompiuta. Mancavano gli ultimi tredici canti, e i figli Iacopo e Pietro furono convinti dagli amici a completarla. Otto mesi dopo la ► morte il padre apparve però al primo in sogno, lo condusse per mano in una camera e gli indicò una stuoia sul muro, sotto la quale il giorno dopo furono miracolosamente ritrovati gli ammuffiti canti mancanti.

Cos'è più stupido pensare? Che i figli abbiano completato l'incompiuta opera del padre? O che egli avesse nascosto gli ultimi canti, invece di spedirli a Cangrande della Scala come faceva regolarmente man mano che li finiva, e che essi siano stati ritrovati in seguito a un sogno?

Anche per il *Deuteronomio* si è stupidamente sostenuto per due millenni che fosse opera di ► Mosè, ma poi si è dovuto ammettere che invece l'aveva scritto Giosia, inventando il ritrovamento di un perduto rotolo della Torah. E anche noi oggi facciamo spesso i veri o i finti tonti, credendo o fingendo di credere che un autore famoso abbia lasciato una quantità sospetta di opere postume, che sono ovviamente state scritte da altri: spesso, gli stessi che comunque gliele scrivevano già da vivi.

Datazione   In Occidente si usa un sistema di datazione che pone l'origine dell'asse temporale in un anno che dovrebbe coincidere con quello della nascita di ► Gesù, anche se gli esperti ci dicono che Cristo sarebbe nato nel 4 avanti Cristo: evidentemente il suo primo ► miracolo. Ma poiché ogni popolo ha le proprie mitologie, non tutti sono d'accordo nell'accettare la nostra. Così gli ► Ebrei calcolano gli anni a partire dalla creazione del mondo secondo l' ► Antico Testamento. I buddhisti preferiscono la nascita di ► Buddha. I musulmani quella dell'Egira di ► Maometto, che ha almeno il vantaggio di essere un fatto storico. E così via.

La Rivoluzione Francese istituì un sistema di datazione razionale, che ebbe poco successo per l'opposizione degli stupidi. Nemmeno le proposte moderne di adottare come inizio l'imperialistico 1492 della scoperta dell'America, o il tecnologico 1969 dello sbarco sulla Luna, hanno avuto fortuna. La soluzione più facile per noi sarebbe continuare a contare gli anni nello stesso modo, parlando però semplicemente di «prima» o «dopo la nostra era»: in tal modo Cristo sarebbe nato nel 4 prima della nostra era, senza compiere miracoli. Ma neppure questa innocua proposta piacerà agli stupidi.

Dean (James) Uno dei ► divi di celluloide di ► Hollywood è James Dean, famoso per essere morto a ventiquattro anni schiantandosi con la sua Porsche, in maniera degna degli eroi negativi da lui interpretati nei pochi film della sua effimera carriera. In particolare, gli sfaccendati di *Gioventù bruciata* (1955): un titolo che riecheggia la «generazione perduta» di Gertrude Stein e i «bamboccioni» di Tommaso Padoa-Schioppa.

Quel film è ancora attuale perché anticipava l'atteggiamento di noia ► esistenzialista di molti adolescenti moderni, che si possono ammirare ogni sera con i bicchieri in mano di fronte ai bar nelle assordanti ► *movidas* cittadine. Ma anche perché la scena in cui i *teenagers* si sfidano a guidare a tutta velocità le loro ► auto verso un precipizio, per vedere chi ha il coraggio di frenare per ultimo, è entrata nei manuali di teoria dei giochi.

In quella stupida sfida ciascuno rischia il comune disastro nella speranza che l'altro ceda. Purtroppo non sono solo i giovinastri a giocare stupidamente, ma anche i ► politici: dalla crisi di Cuba alla corsa agli armamenti. E la teoria insegna che si tratta di un gioco che non ammette strategie razionali: dunque, chi non è stupido non inizia neppure a giocarlo, a qualunque età.

Democrazia La democrazia basata sulle ► elezioni è il gioco preferito dai ► politici occidentali, che lo amano talmente da volerlo esportare con la forza nei paesi meno ► tifosi. Ma è un gioco che si gioca solo fino a quando il risultato è quello che si desidera: quando cessa di esserlo lo si sospende, invece, e si pongono fuori gioco i giocatori. E non solo nel Terzo Mondo!

In Australia, ad esempio, nel 1972 Gough Whitlam portò alla vittoria la sinistra, dopo un quarto di secolo di governo conservatore. Dopo la sua riconferma nel 1974 la regina d'Inghilterra fece sciogliere d'ufficio lo sgradito parlamento dal governatore, innescando la cosiddetta «crisi costituzionale australiana» e sfatando la leggenda che il suo ruolo nei paesi del Commonwealth sia solo formale e di rappresentanza.

Nel 2011 in Italia il governo ► Berlusconi è stato destituito con una manovra di palazzo orchestrata dalla Comunità Europea ed eseguita dal presidente della Repubblica. E nel 2015 in Grecia il responso del *referendum* popolare contrario alle misure decise dalla ► Banca Europea è stato ribaltato dal governo Tsipras, che pure l'aveva caldeggiato. Chi è così stupido da credere ancora che in democrazia governi il popolo, solo perché questo è il significato originario della parola?

Diderot (Denis)   Denis Diderot è stato uno dei più grandi fustigatori della stupidità, oltre che un suo perfetto controesempio. Non a caso i suoi *Pensieri filosofici* (1746) furono condannati a essere «strappati e bruciati» perché «scandalosi e contrari alla ► religione e alla morale», e gli costarono mesi di prigione. Tra le cose che anticipavano c'erano alcuni aspetti della teoria della selezione naturale, come ammise in seguito lo stesso Darwin.

In *Jacques il fatalista* (1773) Diderot anticipò invece il romanzo moderno, che registra tumultuosamente i pensieri che si affollano nella mente di una persona brillante. Ma a farlo passare alla storia fu la celebre *Enciclopedia* (1745-72), che dapprima diresse con il matematico d'Alembert e poi portò a termine da solo, incurante delle difficoltà che sembravano volerla intralciare a tutti i costi. L'opera sollevò immediatamente il plauso degli ► intelligenti e l'avversione degli stupidi, e oggi rimane l'eredità intellettuale del Secolo dei Lumi.

La *Preghiera dello* ► *scettico* (1754) ne costituisce invece una sorta di Credo laico. Iniziava con: «► Dio, non so se ci sei». E terminava con: «Spero nelle tue ricompense nell'altro mondo, se c'è, ma tutto ciò che faccio in questo mondo me lo faccio da me».

Dio «Dio è un'incomprensibilità totalmente nascosta postulata per spiegare un'incomprensibilità totalmente visibile», scriveva lo scrittore di fantascienza Stanislaw Lem in *Golem XIV* (1981). Ed effettivamente Dio viene sempre invocato invano, ogni volta che lo si fa ossessivamente intervenire nelle spiegazioni, perché risulta sempre essere più complicato di qualunque cosa debba spiegare.

La *reductio ad Deum* è una fallacia logica che spesso assume connotati comici, a causa della sua ripetitiva e vuota stupidità. Ad esempio, nelle piccole risposte, stile vecchio *Catechismo*, ai grandi interrogativi sull' ► universo: «Chi ha creato il mondo? L'ha creato Dio. Chi ha creato la ► vita sulla Terra? L'ha creata Dio. Chi ha creato la ► coscienza nell'uomo? L'ha creata Dio».

Quand'anche fossero vere e ► sensate, e non lo sono, queste risposte banali e immutabili non aggiungerebbero comunque nulla alla nostra conoscenza del mondo, della vita e della coscienza. Come fanno invece le teorie scientifiche sugli stessi argomenti, che propongono precisi e specifici meccanismi cosmologici, biochimici e neurofisiologici per spiegare la nascita del mondo, della vita e della coscienza.

Discalculia Quanto fa nove per sette? Una volta quelli che non avessero risposto automaticamente sessantatré sarebbero stati considerati stupidi o ignoranti, ma oggi bisogna chiamarli «discalculici». E tali sono non solo i bambini difficili o svogliati, ma pure moltissimi adulti "normali", che per fare operazioni anche semplici sono ridotti a consultare stupidamente la calcolatrice.

Col passare del tempo gli uomini diventeranno sempre più discalculici, e sempre più dipendenti dalle macchine. Già oggi, se si capita in ► banca per depositare o prelevare denaro in un momento in cui «il sistema è giù», bisogna aspettare pazientemente che «torni su», perché nemmeno i versamenti e i prelievi si possono più fare a mano.

Ma già nel racconto *Nove per sette* (1958) ► Asimov immaginava un mondo in cui, dopo che i conti sono diventati monopolio delle macchine, un uomo scopre di poter fare le operazioni *a mano*! E pian piano si fa strada l'idea che gli uomini siano in grado di fare tutto ciò che sanno fare le macchine: una tesi uguale e contraria a quella della cosiddetta ► Intelligenza Artificiale di oggi, che ritiene le macchine in grado di poter fare tutto ciò che sanno fare gli uomini.

Discorsi   Un giorno in cui Sancho Panza voleva raccontargli qualcosa, Don Chisciotte lo ammonì: «Fai un discorso breve, perché uno lungo non può piacere». Ma anche dei discorsi memorabili spesso non ricordiamo che una frase o un motto: da «sangue, sudore e lacrime» di Winston Churchill (1940) a «la storia mi assolverà» di Fidel Castro (1953), da «io ho un sogno» di Martin Luther King (1963) a «rimanete stupidi» di Steve Jobs (2005).

Ciò nonostante i ► politici si impegnano instancabilmente in lunghi discorsi, che raramente sono autografi. Esiste anzi la professione dello *speechwriter*, che consiste nello scrivere testi che poi i ► papi, i capi di Stato o di governo, i ministri, i parlamentari e gli amministratori di ogni ordine e grado leggeranno ai propri simili e al proprio pubblico, come se fossero farina del loro sacco.

A volte però succedono guai. Come nel 2009, quando Barack Obama lesse per sbaglio il discorso del primo ministro irlandese in visita a Washington, compresi i ringraziamenti al presidente Obama. O nel 2011, quando il ministro degli Esteri indiano Somanahalli Krishna lesse alle Nazioni Unite il discorso del suo omologo portoghese. A dimostrazione del fatto che gli uomini pubblici sono spesso solo degli stupidi pappagalli.

Dittatura I Padri Fondatori degli Stati Uniti avevano ben chiaro il rischio che poteva venire alla ► democrazia da quella che il secondo presidente, John Adams, chiamò nella *Difesa della Costituzione degli Stati Uniti* (1788) la «dittatura della maggioranza». L'espressione divenne popolare quando fu ripresa da Alexis de Tocqueville nella *Democrazia in America* (1835), e da John Stuart Mill nel saggio *Sulla libertà* (1859).

Il rischio deriva, ovviamente, dal fatto che il potere e il volere della maggioranza possono spingere verso l'imposizione "democratica" di un pensiero unico, non diverso da quello dei ► totalitarismi. Soprattutto quando, com'è ormai la tendenza nelle sedicenti «democrazie avanzate» o «di facciata», la partecipazione alle ► elezioni è in caduta libera, e la maggioranza dei votanti è in realtà una minoranza degli elettori.

A questo si aggiunge la tendenza a barattare la democrazia con la governabilità attraverso il sistema ► maggioritario, che permette a una minoranza dei votanti, e dunque a una minoranza di una minoranza degli elettori, di ottenere la maggioranza dei seggi in Parlamento. La "dittatura della maggioranza" viene così stupidamente barattata con una "dittatura della minoranza": cioè, con la dittatura *tout court*.

Divi È un segno del graduale dissolversi del ► senso delle proporzioni che la parola «divo», dapprima attribuita a mitologici eroi omerici come Achille e poi a storici imperatori romani come Giulio Cesare, sia via via passata a indicare attori del teatro come Eleonora Duse o del cinema come Greta Garbo: cioè, non i protagonisti delle storie o della Storia, ma i loro interpreti nella finzione.

La stupidità del divismo rifulge nel suo massimo squallore sui tappeti rossi dei Festival del Cinema, da Cannes a Venezia. Qui giovani e vecchi, ugualmente sfaccendati e inebetiti, si accalcano nella speranza di poter cogliere dal vivo la mirabile visione dei divi o delle dive, che sono appunto lì per pavoneggiarsi di fronte a loro. Tutti incuranti del fatto che nei film gli attori ci mettono solo la faccia e le smorfie, mentre sono i registi e gli sceneggiatori a metterci la testa e le idee.

Non da meno sono i concerti di musica *pop*, nei quali le urla e gli ► applausi dei *fans* spesso impediscono di sentire ciò che i divi suonano e cantano. Se n'erano già accorti i Beatles, che nel 1966 decisero di smettere quelle stupide esibizioni, ma cinquant'anni dopo la loro rimane solo un'► intelligente eccezione nel circo della stupidità musicale.

Divise   Nel documentario *Il piacere di scoprire* (1981) il fisico Richard ► Feynman si lancia in una tirata contro le divise e le mostrine dei militari, che il padre gli aveva insegnato a disprezzare. L'argomento dei due, padre e figlio, è che è stupido apprezzare la gente non per quello che fa, o ha fatto, ma perché si veste in divisa o esibisce gradi di qualunque natura: militare, politica o ► religiosa.

E anche scientifica, naturalmente. E infatti la tirata di Feynman si estende al premio Nobel e altre onorificenze, che non hanno niente a che vedere con il valore di uno scienziato. Valore che risiede appunto in quel piacere di scoprire le cose che dà il titolo al documentario, oltre che a una raccolta postuma di saggi del grande scienziato (1999).

Tra le divise che Feynman cita c'è anche, ovviamente, quella del ► papa. Il quale, insieme ai re e alle regine, costituisce l'esempio archetipico di gente che viene riverita non per quello che è, ma per la tiara o la corona che gli viene messa sul capo: anche quando rifiuta di indossarla, pur mantenendola ben salda in testa. Che al mondo ci siano ancora furbi ► papi e re, e che siano venerati da stupidi fedeli e sudditi, è uno dei tanti affronti alla dignità umana.

Divorzio Si legge nelle *Lettere persiane* (1721): «Per la ► religione pagana il divorzio era lecito: fu vietato ai cristiani. Questo cambiamento, che sulle prime sembrò di scarsa importanza, ebbe progressivamente conseguenze terribili, cui si stenta a credere. Non solo si privò di ogni dolcezza il ► matrimonio, ma si mise a rischio il suo scopo: volendo rinsaldare i vincoli, li si allentarono, e invece di unire i cuori, li si separarono».

Per ► Montesquieu la morale matrimoniale cristiana è dunque stupida per gli effetti negativi che produce. Per il premio Nobel per l'economia Lloyd Shapley è invece stupida per gli effetti positivi che non produce. In un saggio su *La stabilità del matrimonio* (1962), scritto insieme a David Gale, egli dimostrò infatti che attraverso una serie di divorzi è possibile produrre matrimoni stabili e non infelici per tutti.

Si fa così. Se in una coppia il marito è infelice perché ci sono ► donne che lui preferisce alla moglie e che preferiscono lui al proprio marito, divorzia e si risposa con una di quelle. Idem per le mogli. A ogni divorzio la situazione migliora, e dopo un numero di divorzi pari al più al prodotto dei numeri degli uomini e delle donne tutti i matrimoni diventano stabili, perché tutti i coniugi risultano non infelicemente sposati.

D o g m i   Mentre la scienza procede per osservazioni e deduzioni, la Chiesa avanza per rivelazioni e proclamazioni. La sua ► teologia è stata sintetizzata nel corso dei secoli in una serie di ► verità irrinunciabili, chiamate dogmi, che in teoria devono essere credute *ubique, semper, ab omnibus*, «dovunque, sempre, da tutti», secondo l'antica formulazione di Vincenzo di Lerino.

In pratica, però, oggi i dogmi non sono creduti «da nessuna parte, mai, da nessuno», a causa della loro anacronistica assurdità. L'intero esercito della Chiesa, dal comandante in capo all'ultimo soldato, stende su di essi un pietoso velo di silenzio per l'imbarazzo di non poterli spiegare ma di doverli difendere.

D'altronde, i fedeli scapperebbero a gambe levate se sapessero di dover credere che il Figlio è consustanziale col Padre, lo ► spirito Santo procede dal Padre e dal Figlio, Cristo ha una sola persona ma due nature e due volontà, Maria è nata senza peccato originale ed è rimasta vergine prima, durante e dopo il parto, ► Gesù è risorto ed è asceso al cielo, dove anche la Madonna è stata ► assunta, e il ► papa è infallibile in materia di fede. Non stupisce che a ogni dogma la Chiesa abbia perso qualche pezzo: stupisce, semmai, che gliene sia rimasto qualcuno.

Donne Qualcuno ha detto, scherzando, che le donne sono stupide perché alle donne piacciono gli uomini. David Hilbert sosteneva invece, seriamente, che non ci sono state grandi matematiche. E a chi gli fece i nomi della russa Sofja Kovalevskaja e della tedesca Emmy Noether rispose che la prima non era una grande matematica e la seconda non era una donna. Inoltre, non ci sono state neppure grandi scacchiste o grandi compositrici.

Di fronte all'ipotesi che si tratti di una necessità biologica, i ▶ politicamente corretti storcono il naso: sentono puzza di sessismo, e preferiscono appellarsi alle condizioni storiche e sociali che tendevano a inibire intellettualmente le donne. Argomento stupido, visto che quelle condizioni non hanno impedito alle donne di diventare grandi scienziate, come madame Curie, o grandi scrittrici, come Jane Austen.

Una spiegazione meno stupida, proposta da James ▶ Watson, è che l' ▶ intelligenza delle donne è in media più alta di quella degli uomini, ma presenta una minore varianza. Cioè, le donne sono tutte più o meno intelligenti, mentre tra gli uomini ci sono picchi: di ▶ genialità, da un lato, ma anche di autismo e schizofrenia, dall'altro. E su di essi si trovano spesso i grandi matematici, scacchisti e compositori.

Dostoevskij (Fjodor)   Nel suo saggio ▸ *Tolstoj nel centenario della nascita* (1928) Thomas Mann ricorda che qualche russo chiamò Tolstoj il «veggente del corpo», e Dostoevskij il «veggente dell'▸anima». E aggiunge che «dove c'è della psicologia c'è già anche della patologia: il mondo dell'anima è quello della malattia, e il mondo della salute è quello del corpo».

Meno male che Mann ammette che gli scrittori psicologici sono dei malati, anche se poi se la prende con il sano Tolstoj perché «di Dostoevskij non capiva nulla, e le critiche che fece di lui potrebbero essere quelle di uno stupido: disse che era malato, e che perciò tutto quel che faceva era malato».

La situazione è confusa, con Mann che dice che Tolstoj è stupido perché pensava che Dostoevskij fosse malato, il che è esattamente ciò che aveva appena detto anche lui. Non si capisce più chi sia stupido, ma certamente lo erano sia Dostoevskij che Mann, perché scrivevano di stupidaggini: cioè, l'anima e le sue malattie. E Tolstoj non lo era perché scriveva di cose sensate: cioè, il corpo e la sua salute. Almeno fino a quando non si ammalò pure lui della stessa malattia, e finì per arruolarsi anch'egli tardivamente nell'esercito degli stupidi.

Droghe Karl Marx diceva che la ►religione è l'oppio dei popoli, per l'effetto sedativo (psicolettico) che induce nei fedeli. Umberto ►Eco aggiungeva che la religione è la cocaina dei popoli, per l'effetto eccitante (psicoanalettico) che stimola nei fondamentalisti. Per completare il cerchio si può notare che la religione è la mescalina dei popoli, per l'effetto allucinatorio (psicodislettico) che produce nei mistici.

Ma, oltre che metaforico, il legame tra droghe e religione è anche letterale. Lo dimostrano «cibi e nettari degli dei» quali il soma vedico, la manna ebraica, il loto omerico, il vino bacchico, la canapa indiana, il *peyote* messicano, la coca incaica, l'*ayahuasca* amazzonica, la *ganja* giamaicana, la *kava* fijiana... Gli stupidi che invocano la proibizione delle droghe dovrebbero dunque invocare anche la proibizione delle religioni.

Per vedere ►Dio ci sono comunque molte altre strade: la vasca di deprivazione sensoriale, il deserto, la cella del convento o del carcere, i digiuni e le veglie, le *trances* indotte da danze, canti o mantra ossessivi, gli esercizi di respirazione delle varie tecniche meditative eccetera. Non c'è dunque bisogno della droga per diventare religiosamente dei ►matti: soprattutto se uno è predisposto, essendo già matto di suo.

Dubbi William ▶ Yeats, premio Nobel irlandese per la letteratura (1923), enunciò nella poesia *La seconda venuta* (1920): «I migliori non hanno convinzioni, mentre i peggiori sono pieni di appassionata intensità». E Bertrand Russell, premio Nobel inglese per la letteratura (1950), rienunciò nel saggio *Il trionfo della stupidità* (1933): «Nel mondo moderno gli stupidi sono sicurissimi, mentre gli intelligenti sono pieni di dubbi».

Entrambi gli aforismi sono volutamente paradossali, perché nella percezione comune sono invece gli indecisi e i dubbiosi a essere percepiti come stupidi e inferiori, e i decisionisti e i sicuri di sé a essere osannati come intelligenti e superiori. È in questo ▶ senso che il biologo Martin Schwartz ha potuto scrivere un saggio intitolato *L'importanza della stupidità nella ricerca scientifica* (2008).

Effettivamente la scienza fa sentire produttivamente stupidi. Primo, perché i problemi appaiono a prima vista insolubili e resistono a lungo agli attacchi. Secondo, perché le soluzioni risultano spesso inaspettate e controintuitive. Terzo, perché con il senno di poi quelle stesse soluzioni si impongono come naturali e inevitabili, e spingono a dirsi: «Che stupido sono stato a non averci pensato subito, o anch'io».

E

Ebrei Mentre i grandi matematici, i grandi scacchisti e i grandi compositori sono praticamente assenti fra le ► donne, in maniera imbarazzante per queste ultime, abbondano invece fra gli Ebrei, in maniera altrettanto imbarazzante per il resto dell'umanità. Sono soprattutto gli ashkenaziti di origine esteuropea, il cui nome significa appunto «tedeschi» in ebraico, a manifestare abilità intellettuali ben sopra l'ordinario.

Ad esempio, mentre solo il 2% degli statunitensi discende da ashkenaziti, il 25% dei premi Nobel statunitensi è stato vinto da loro. Ancora più straordinariamente, mentre nel mondo gli Ebrei sono solo lo 0,2% della popolazione, tra i vincitori del premio Nobel gli ashkenaziti sono il 20%, tra i vincitori della medaglia Fields il 25% e tra i campioni del mondo di scacchi circa il 50%.

Paradossalmente, benché a volte si neghino le ► razze per evitare l' ► antisemitismo, gli ashkenaziti sono una delle migliori prove della loro esistenza. Sono passati 700 anni fa in un collo di bottiglia che li aveva ridotti a 350 individui, si sono accoppiati in maniera endogamica, e hanno sviluppato per deriva genica e adattamento molti geni specifici, responsabili sia di malattie caratteristiche che un alto grado di ► intelligenza.

Eco (Umberto)   Nel *Superuomo di massa* (1976) Umberto Eco scrive: «Non c'è satira in un ► universo in cui chiunque è imbecille e la non sapienza diventa l'unica sapienza possibile, ed è ► meglio se esiste un cultore critico dell'imbecillità che decida cinicamente di vendere consolazioni intellettuali a chiunque, come in *Dolicocefala bionda* (1936) Teodoro Zweifel vende ► *placebo* come medicine e medicine come *placebo*».

Se l'Italia recente non è stata un paese in cui chiunque era imbecille lo si deve anche all'esistenza di quel cultore critico dell'imbecillità che fu appunto Eco stesso. Anzitutto nel *Pendolo di Foucault* (1988), dichiaratamente ispirato a ► Bouvard e Pécuchet, e poi nei pezzi brevi raccolti in *La bustina di Minerva* (1999) e *Pape Satàn Aleppe* (2016).

La prima raccolta terminava con i consigli su *Come prepararsi serenamente alla* ► *morte*, tra i quali: «È naturale, è umano, è proprio della nostra specie rifiutare la persuasione che gli altri siano tutti indistintamente coglioni, altrimenti perché varrebbe la pena di vivere? Ma quando, alla fine, saprai, avrai compreso perché vale la pena (anzi, è splendido) morire». E una nota avvertiva: «Per essere ► politicamente corretti, l'ultimo coglione potrebbe anche essere una lei».

Elezioni ► Flaubert diceva che il sogno della ► democrazia era portare il proletariato allo stesso livello di stupidità raggiunto dalla borghesia. Ovviamente pensava al suffragio universale, mentre nel racconto *Diritto di voto* (1955) ► Asimov proponeva invece di snellire le elezioni facendo votare un solo elettore, accuratamente scelto in modo da essere perfettamente rappresentativo dell'intero elettorato.

Più seriamente, in *Scelte sociali e valori individuali* (1951) Kenneth Arrow ha isolato tre principi minimali, basilari e condivisi da tutti, della democrazia elettiva: la libertà dell'elettore di votare per chi vuole, la garanzia per un candidato di essere eletto se ottiene tutti i voti, e la necessità per il ► sistema di determinare il risultato soltanto sulla base dei voti espressi.

Arrow ha poi dimostrato matematicamente che esiste un unico sistema che soddisfa i tre requisiti, ed è la ► dittatura. Detto altrimenti, non esistono sistemi elettorali che soddisfano i requisiti minimali richiesti dalla democrazia, anche se oggi si esagera con la ► merda massimale del ► maggioritario. Parafrasando lo slogan sull'economia della campagna elettorale di Bill Clinton nel 1992: «È la democrazia, stupido!».

Embrioni Il 12 e 13 giugno 2005 gli elettori italiani si pronunciarono sull'abrogazione di alcuni articoli delle *Norme in materia di procreazione medicalmente assistita* (Legge 40), promulgate dal Parlamento italiano poco più di un anno prima, il 19 febbraio 2004. Ma nessuno dei quattro *referenda* proposti raggiunse il *quorum* del 50% più 1 degli aventi diritto, e la consultazione fallì.

Un aspetto straordinario fu la contrapposizione tra i due schieramenti, sulla base del motto di Schopenhauer: «O si pensa, o si crede». Per il «sì» erano infatti quasi tutti gli addetti ai lavori e le persone informate, a partire dai due premi Nobel italiani per la medicina Rita Levi Montalcini e Renato Dulbecco. Per il «no» erano invece quasi tutti i cattolici, spronati da ▶ Benedetto XVI e guidati dal cardinal Camillo Ruini.

Ma ancor più straordinario fu il fondamento ideologico del fronte del «no», basato sulla ▶ superstizione che gli embrioni abbiano un' ▶ anima umana. Un'opinione che non è neppure necessario essere dei non credenti per confutare: basta essere degli scolastici astuti come Tommaso d'Aquino, secondo il quale un embrione ha solo un'anima vegetativa, invece che degli stupidi *teocons* o *ateocons* come la ▶ Fallaci.

Equitalia   Pagare le ► tasse non piace a nessuno. Soprattutto in uno Stato che, tra imposte dirette e indirette, sbrana due terzi del reddito ai cittadini. E utilizza il maltolto per infliggere loro il danno e la beffa: cioè, servizi di bassa qualità e una ► burocrazia ad alta stupidità. È dunque naturale che su Equitalia si addensi il malumore dei (tar)tassati, cornuti e mazziati.

Ma il fisco aggiunge la propria ► malizia specifica a quella generica dello Stato, imponendo una procedura bizantina a chi deriva redditi da fonti diverse. I datori di lavoro devono infatti inviare le dichiarazioni dei pagamenti sia al fisco che ai lavoratori. E questi ultimi devono collezionare le loro copie e rimandarle un'altra volta al fisco, unite alla dichiarazione dei redditi.

Poiché le due copie derivano da un'unica fonte, il doppio binario non istituisce nessun tipo di controllo: volendo evadere, basta evitare entrambe le dichiarazioni alla fonte. Ma il doppio binario permette di aggiungere un'ulteriore tassa, in forma di multa, nel caso probabile che ci siano discrepanze tra i dati informatici dell'Agenzia e quelli cartacei del contribuente. In molti paesi il fisco richiede semplicemente il pagamento sulla base dei dati in suo possesso: sono stupidi tutti loro, o solo noi?

Esagerazioni George Bernard ▸ Shaw diceva che «bisogna esagerare per impressionare», ma spesso chi esagera dà solo un'impressione di stupidità. Così è, ad esempio, per chi esagera nella forma usando troppi pleonasmi o iperboli (termini che in greco significavano entrambi «esagerazioni»). O per chi esagera nella sostanza raccontando sbruffonate per piacere individuale, come un pescatore, o per dovere professionale, come un ▸ giornalista.

Una delle esagerazioni preferite dagli organizzatori di un evento politico o musicale riguarda le folle oceaniche che vi partecipano. Nell'ovale di Central Park, ad esempio, erano state dichiarate 250.000 persone per James Taylor nel 1979, 300.000 per Elton John nel 1980, 400.000 per Simon e Garfunkel nel 1981, 600.000 per Paul Simon da solo nel 1991, e 750.000 per Garth Brooks nel 1997.

Ma nel 2008 i ▸ poliziotti registrarono con i contapersone il numero esatto dei partecipanti a un concerto, nel quale ogni centimetro quadrato dell'ovale di Central Park era stipato, e ce n'erano solo 48.538. Poiché la superficie dell'ovale è di 52.610 metri quadrati, e circa un terzo dello spazio era coperto dal palco e da spazi transennati, la densità era poco più di una persona a metro quadro. Queste le vere cifre: le altre erano stupidaggini.

Esami Il matematico Giuseppe Peano diceva che tutti dovrebbero essere promossi agli esami, perché «a bocciarli ci penserà la ► vita». E il filosofo Alfred North Whitehead dava sempre il massimo dei voti e la lode, fino a quando uno studente lo mise alla prova scrivendo solo ► cazzate all'esame, ma ottenne come unico risultato il massimo dei voti senza la lode.

Sembrano comportamenti irrituali, ma ormai sono divenuti la stupida prassi della ► scuola italiana. Oggi esaminare seriamente lo studente è considerato un attentato alla sua salute e alla sua dignità: gli si devono evitare i traumi delle interrogazioni a sorpresa, bisogna suggerirgli lo svolgimento del tema o la soluzione del problema, alla maturità dev'essere spalleggiato da membri interni che lo difendano *a priori*, e non si può certo pretendere di esaminarlo su tutto ciò che ha studiato nell'intero corso di studi.

Ma l'aspetto più stupido del nostro ► sistema scolastico, dalle elementari all' ► università, sono gli orali. Non esistono nel resto del mondo, perché sono ovviamente impossibili da valutare oggettivamente, ma a casa nostra non si possono mettere in discussione, e costituiscono la vergogna delle scuole italiane di ogni ordine e grado.

Esistenzialismo Nel saggio *L'esistenzialismo è un umanesimo* (1946) Jean-Paul Sartre definisce l'esistenzialismo come la filosofia che ha come primo assioma «l'uomo è ciò che riesce a fare di sé», e come primo teorema «l'esistenza dell'uomo precede la sua essenza». Non si tratta dunque di una filosofia ► metafisica, e in seguito Sartre la coniugò con il marxismo nel motto: «L'uomo è ciò che riesce a fare di sé di ciò che hanno fatto di lui».

A questa sensata teoria, però, Sartre e i suoi compagni di sventura filosofica hanno abbinato due insensate pratiche. La prima, di arrovellarsi sugli stupidi problemi relativi al ► senso della ► vita. E la seconda, una volta scoperto che il senso non si trova (perché non c'è), di struggersi nell'angoscia che la mancanza di senso produrrebbe nell'uomo, o almeno nella mente bacata degli esistenzialisti.

La cosa non fa grandi danni se rimane confinata negli scritti dei filosofi della banda, quali Kierkegaard, Nietzsche, Jaspers e Heidegger, che sono letti solo da altri filosofi (in erba o in secca). Ma fa disastri quando sconfina nei romanzi degli scrittori, quali ► Dostoevskij, Moravia, Camus e Sartre stesso, che invece approdano nelle mani di un pubblico indifeso e lo instupidiscono fino all'indifferenza, alla noia e alla nausea.

Esorcismi   L'orrido film *L'esorcista* (1973) era basato su una relazione dei ► gesuiti relativa a un fatto "accaduto" nel 1949 nel Maryland e da loro "curato": non stupisce, dunque, che fu mostrato nelle parrocchie. D'altronde il nuovo *Catechismo* (1997) continua a proporre l'esorcismo come metodo per «cacciare i demoni o liberare dall'influenza demoniaca, mediante l'autorità spirituale che ► Gesù ha affidato alla sua Chiesa».

Naturalmente il Vaticano pretenderebbe un monopolio esclusivo sulle stupidaggini del demoniaco e dintorni, per evitare di dover dividere i congrui profitti della ► magia con troppi agguerriti concorrenti. Sembra infatti che in Italia i maghi siano ormai il doppio dei preti e che i loro profitti annuali ammontino a cinque miliardi di euro, pari a cinque volte gli introiti dell'8‰ alla Chiesa cattolica.

Per questo la stessa Santa Sede, nel pubblicare il 22 novembre 1998 la traduzione italiana del nuovo manuale d'uso *De exorcismis*, «Sul ► rito degli esorcismi» si è preoccupata del diffondersi di «forme di divinazione, sortilegio, maleficio e magia, spesso mescolate con un uso ► superstizioso della religione», e del «fenomeno del moltiplicarsi delle pratiche magiche nel nostro paese». «Da che pulpito!», si può ben dire!

Etica Non è mai un buon segno fondare le proprie convinzioni su una stupidaggine. Ad esempio, l'etica sul sofisma formulato da Ivan nei *Fratelli Karamazov* (1879): «Senza ▶ Dio e senza ▶ vita futura tutto è permesso e tutto è lecito». A parte il fatto che ▶ Dostoevskij ci aveva messo un punto interrogativo, proponendo un ▶ dubbio e non una certezza, si tratta comunque di letteratura: esattamente come quella biblica, che pretende appunto di fondare l'etica su favole e miti, invece che su ragionamenti e fatti.

Il problema di legare l'etica a Dio è che le impedisce di essere universale, perché ne esclude automaticamente gli atei e gli agnostici. E la rende relativa, a causa della molteplicità delle ▶ religioni e della varietà dei loro precetti: ad esempio, mentre il cristianesimo impone la ▶ monogamia, l'islam permette la ▶ poligamia.

Ma anche appellarsi alla Natura e alle sue leggi è problematico: l'etica ha infatti sempre cercato di opporsi alla pessima natura dell'uomo, spingendolo ad andare «contro Natura». Si deve dunque agire bene non perché Dio o la Natura ce lo comandano, ma perché crediamo autonomamente e razionalmente che è giusto fare così. L'esatto contrario del «Dio lo vuole», che non a caso era lo stupido motto delle Crociate.

Eugenetica Nel 1933 il neonato ► nazismo promulgò una legge per la sterilizzazione forzata di «schizofrenici, maniaci-depressivi, epilettici, ► ciechi, sordi, deformi e alcolizzati», che nei cinque anni successivi fu applicata in 400.000 casi. Nel 1934 furono proibiti i ► matrimoni ai malati mentali gravi. Nel 1935 le leggi di Norimberga proibirono ai tedeschi non solo i matrimoni, ma anche i rapporti sessuali con gli ► Ebrei. Tra il 1939 e il 1941 furono uccisi 90.000 internati nei manicomi, e tra il 1941 e il 1945 furono sterminati sei milioni di «portatori di sangue e geni infetti», per purificare la ► razza.

Le origini della stupidità eugenetica sono però da ricercarsi negli Stati Uniti, e non in Germania. La legge nazista del 1933 era infatti basata sul modello statunitense di Harry Laughlin, al quale ► Hitler diede una laurea *ad honorem* nel 1936 a Heidelberg. La prima legge per la sterilizzazione di «► criminali, idioti, stupratori e imbecilli» fu promulgata nel 1907 in Indiana. Fu poi imitata da una trentina di stati e dichiarata costituzionale dalla Corte Suprema nel 1927. Negli anni '30 furono sterilizzati 60.000 individui, e ancora negli anni '50 furono castrati 50.000 omosessuali, a dimostrazione dell'universalità della stupidità.

Extraterrestri Nella prefazione di *2001 Odissea nello spazio* (1968) Arthur Clarke scriveva: «Per ogni uomo che abbia mai vissuto, una stella splende nel nostro ▶ universo. Ognuna di quelle stelle è un Sole, spesso più brillante e glorioso del nostro. Molti di questi Soli alieni hanno pianeti che orbitano attorno a loro. Così quasi certamente ci sono abbastanza Terre nel cielo affinché ogni membro della specie umana, giù giù fino al primo uomo-scimmia, abbia un suo paradiso (o inferno) privato di misura planetaria».

Clarke prendeva spunto da una formula di Frank Drake del 1961, che calcola la probabilità che nella Via Lattea ci sia ▶ vita simile alla nostra. E lo fa stimando a cascata quante stelle ci sono nella galassia, quante di esse possiedono pianeti, quanti di essi possono ospitare la vita, e su quanti si sono evoluti esseri ▶ intelligenti. Il risultato è: probabilità 1, cioè la quasi certezza.

Non è dunque affatto stupido credere che in qualcuno dei molti pianeti extrasolari scoperti dalla missione Kepler, lanciata nel 2009, possano esserci forme di vita analoghe alla nostra. Ma è stupido credere che gli extraterrestri somiglino a quelli dei film di ▶ Hollywood e viaggino in dischi volanti (UFO) come quelli avvistati dai ▶ matti di turno.

F

Facebook   Nel 1966 John Lennon scatenò un putiferio dichiarando a un ▶ giornale: «Siamo più popolari di ▶ Gesù, e non so chi se ne andrà prima, se il *rock 'n' roll* o il cristianesimo». Le stesse parole potrebbe pronunciarle oggi Mark Zuckerberg a proposito di Facebook, che molto più del *rock 'n' roll* può ormai ambire al titolo di nuova ▶ religione universale.

Facebook ha raggiunto in poco più di dieci anni dalla sua fondazione il miliardo e mezzo di utenti registrati, e il 24 agosto 2015 ha superato la soglia del miliardo di utenti attivi in uno stesso istante. Sono cifre ormai pari al numero dei musulmani di tutto il mondo e superiori a quelle del cattolicesimo, con il suo miliardo e 250 milioni di fedeli faticosamente raggiunti in due millenni di attività.

Come in ogni grande religione organizzata, l'esercito dei fedeli di Facebook ha permesso all'impresa di organizzare un *business* da miliardi di dollari e al suo papà di diventare una delle persone più ricche del mondo. E mentre gli stupidi utenti si pavoneggiano condividendo gli insignificanti dettagli della propria ▶ vita quotidiana, vengono silenziosamente spiati dal vero ▶ Grande Fratello e perversamente manipolati dagli squali della ▶ pubblicità, che si arricchiscono alle loro spalle.

Fallaci (**Oriana**) Come già il matematico ► Pascal e lo scrittore ► Tolstoj, ma senza il cervello del primo né la penna del secondo, la ► giornalista Oriana Fallaci è un esempio di stupidità acquisita e non innata. Anche se i germi dello squilibrio che la colpì nell'ultimo lustro della vita erano già latenti nella tolemaica *Intervista con la storia* (1974), che orbitava tutta attorno all'intervistatrice.

Non lasciava presagire niente di sano neppure la pulsione di ► morte che la spinse al *reportage* di ► guerra in Vietnam e in altri paesi, sempre indossando più la toga del giudice che gli abiti dell'osservatore. Sembrò acquistare umanità solo in un aborto spontaneo e nell'amore per l'eroe della ► resistenza greca Panagulis, che le ispirarono la *Lettera a un bambino mai nato* (1975) e *Un uomo* (1979).

Gli attentati dell'11 settembre 2001 a New York, dove ormai viveva in un esilio dorato, scatenarono i demoni de *La rabbia e l'orgoglio* (2001) che le covavano dentro e polverizzarono ogni suo residuo razionale, nonostante ella si sentisse investita de *La forza della ragione* (2004). Il risultato fu uno stupido delirio fascio-leghista ► razzista che ha contribuito a detonare in Italia e altrove l' ► antisemitismo contemporaneo.

Family Day   La maschera di un ▶ inglesismo non rende i Family Day meno stupidi di quanto siano. E chi si illudesse che ▶ papa ▶ Francesco non li condivide, può ricredersi leggendo la lettera che il cardinal Bergoglio inviò ai partecipanti del Family Day che si tenne a Buenos Aires il 13 luglio 2010, alla vigilia della discussione in Parlamento della legge sulle unioni civili proposta dalla presidente Kirchner.

Così scriveva infatti il primate: «L'essenza dell'essere umano tende all'unione dell'uomo e della ▶ donna come realizzazione reciproca, come cammino naturale verso la procreazione. Il ▶ matrimonio precede lo Stato ed è la base della famiglia, che è cellula della società precedente a ogni legislazione e perfino alla Chiesa. L'approvazione del progetto di legge in discussione significherebbe un reale e grave regresso antropologico».

Le reazioni del Parlamento argentino a queste ingerenze furono dure e nette. Bergoglio fu additato come l'organizzatore del movimento pro-famiglia, i suoi toni furono tacciati di oscurantismo medioevale e la maggioranza contraria alla legge si tramutò in una maggioranza favorevole. Il cardinale non riuscì dunque a menare gli argentini per il naso così facilmente come gli riesce di fare con gli italiani da papa.

Fantasy Non appena i bambini acquistano l'uso della parola e iniziano a fare domande su come sono nati, vengono propinate loro stupidaggini che vanno dai cavoli alle cicogne. Quand'essi approdano all'asilo, incominciano a ricevere i rudimenti di una visione magica del mondo popolata di ► angeli e ► miracoli, che fino alle superiori continuerà a essere contrabbandata in tutte le ► scuole nell' ► ora di ► religione.

In quelle stesse scuole agli studenti verrà impartita una serie di insegnamenti letterari e filosofici dello stesso genere: gli dei di Omero, il *daímon* di Socrate, le idee di ► Platone, la ► metafisica di Aristotele, i regni dell' ► aldilà della *Commedia* di ► Dante, i deliri idealisti di ► Hegel e ► Croce, il motto di Nietzsche «non ci sono fatti, solo interpretazioni»...

Parallelamente il mercato letterario, cinematografico e televisivo li sommergerà di storie di ► magia o di fantasia, da Harry Potter a ► Dan Brown. Per non parlare delle *fiction* televisive, sacre e profane, che affollano il piccolo schermo. Il tutto sostenuto da un *battage* ► pubblicitario di recensioni, interventi e dibattiti negli spazi culturali dei *media*. C'è forse da stupirsi se, da adulti, saranno assuefatti alle stupidaggini e diverranno facili prede di stupidi imbonitori politici o religiosi?

Fatima   A differenza di Lourdes, famosa per i suoi
"▶ miracoli", Fatima è nota per i suoi "segreti". Il primo è una visione ▶ dantesca dell'Inferno, ovviamente
descritto come «un gran mare di fuoco con demoni e
▶ anime». Il secondo è la non sorprendente profezia che
la Prima ▶ Guerra Mondiale sarebbe finita, come di solito succede alle guerre, e che se l'umanità non si fosse
comportata bene ne sarebbe scoppiata una seconda.

Il terzo segreto è un confuso testo apocalittico che
parla di una ripida montagna con in cima una grande
croce di legno. Un vescovo vestito di bianco, del quale
gli acuti pastorelli ebbero «il presentimento che fosse
il Santo Padre», vi arriva vacillante e addolorato, attra-
versando una città in rovina e piena di cadaveri. E viene
ucciso da soldati con armi da fuoco e frecce (*sic*), in una
carneficina di vescovi, preti, suore e fedeli.

Il 13 maggio 2000 Giovanni Paolo II si recò a Fatima
per annunciare ridicolmente *urbi et orbi* che il terzo segreto aveva previsto il suo attentato del 13 maggio 1981,
avvenuto su una piazza spianata in mezzo alla quale c'è
un grande obelisco egizio in pietra, in una città moderna
e festosa, a un ▶ papa che procedeva ritto su un' ▶ auto,
atletico e benedicente, e in cui non morì assolutamente
nessuno. Ogni commento è superfluo.

Femminicidio Il ►politicamente corretto sforna sempre nuove formule balzane. Una delle ultime è «femminicidio», da intendere come «uccisione di una ► donna in quanto donna», da opporre ovviamente a «maschicidio», da intendere come «uccisione di un uomo in quanto uomo», ed entrambi da considerare come subordinati a «genericidio», da intendere come «uccisione di una persona a causa del suo genere».

Il termine «femminicidio» è nato per scherzo nel 1801, nella *Veduta satirica di Londra* di John Corry, per indicare l'omicidio di una donna, allo stesso modo in cui «infanticidio» indica l'omicidio di un bambino. Ma è stato adottato seriamente, nell'accezione sessista precedente, dalla sociologia statunitense femminista negli anni '70: la stessa che in quel periodo sfornò anche l'astuto concetto di ► *gender*.

Guido Ceronetti ha proposto di sostituire gli obbrobri linguistici «femminicidio» e «maschicidio» con *ginecidio* e *androcidio*. E l'Organizzazione Mondiale della ► Sanità riferisce che in Italia i ginecidi non solo sono molti meno degli androcidi, ma sono scesi di un terzo rispetto agli anni '90, a conferma che quello del «femminicidio» non è un problema di sicurezza sociale, ma una questione di correttezza politica.

Feynman (**Richard**) Richard Feynman è stato la dimostrazione vivente che un ► genio può anche essere un buffone, senza dover per questo diventare stupido. Il suo genio si è visto all'opera nella scoperta delle leggi dell'elettrodinamica quantistica, che gli sono valse il premio Nobel nel 1965, e nei suoi ► libri divulgativi, da *La fisica di Feynman* (1964-1966) a *Qed* (1985). Il buffone ha invece dato il ► meglio di sé nelle avventure raccontate in *Sta scherzando, Mr. Feynman!* (1985), che hanno contribuito a farlo diventare un mito fra gli studenti e il pubblico.

Naturalmente, e come ogni vero buffone, Feynman era terribilmente profondo: l'ironia e il sarcasmo gli servivano soltanto per indorare la pillola delle sue scomode ► verità, e per prendere le distanze dalla falsa e tronfia serietà dietro la quale si mascherano gli stupidi. Basta leggere, ad esempio, le pagine di *Il piacere di scoprire* (1999) a proposito della ► religione, in cui egli enuncia lucidamente l'impossibilità per lo scienziato di credere in ► Dio e nelle verità assolute. O quelle sull' ► astrologia, in cui egli nota che la diffusa presenza degli ► oroscopi è la prova del fatto che la nostra non è un'epoca scientifica, nonostante tutta la sua tecnologia.

Flaubert (**Gustave**) Da bambino Gustave Flaubert era considerato *L'idiota della famiglia*, come nel titolo della biografia che gli dedicò Jean-Paul Sartre (1971-1972). E ovviamente lo stupido ha molto a che fare con l'«idiota», che in greco non indicava altro che un «privato»: cioè, qualcuno che vive in un mondo personale tutto suo, invece che in quello pubblico di tutti.

Da adulto Flaubert dedicò il suo ultimo e incompiuto romanzo, ► *Bouvard e Pécuchet*, a una completa ostensione della stupidità. Nelle intenzioni dell'autore l'opera doveva essere composta di due volumi: la storia dei due omonimi protagonisti, e uno *Stupidario* da essi raccolto. Quando Flaubert morì nel 1880 aveva quasi concluso il primo volume, ma del secondo rimangono solo alcuni frammenti.

Le stupidaggini che Flaubert raccoglie e mette in bocca a Bouvard e Pécuchet non sono altro che i luoghi comuni, le idee alla moda e le sciocchezze che tutti pensano e ripetono. Ma allora è stupido cercare di farne un catalogo completo, perché esso coinciderebbe con l'archivio di Echelon, che registra le conversazioni e le corrispondenze dell'intera popolazione mondiale, in parte riportate sui ► giornali, alla radio, in ► televisione e in rete.

Francesco   Gli stupidi sono sensibili al fascino delle ▶ divise: immaginiamoci all'abito bianco che il domenicano Pio v decise di tenersi, e tutti i suoi successori fecero proprio. Gli stupidi sono anche sensibili alla ▶ metafisica dei nomi: immaginiamoci a quello di Francesco di Assisi, di cui Jorge Mario Bergoglio ha deciso di appropriarsi benché fosse un ▶ gesuita. O, forse, proprio perché lo era.

Ma se l'abito fa il ▶ papa, il nome di un poverello non fa un povero. La Legge Fondamentale del Vaticano stabilisce infatti che non vi è distinzione fra i beni dello Stato e quelli del papa. Francesco possiede dunque *personalmente* tutte le inestimabili ricchezze del Vaticano: a parole vorrebbe una Chiesa povera, sullo stile del Mahatma Gandhi o del Dalai Lama, ma nei fatti rimane l'uomo più ricco del mondo.

Al momento dell'elezione del nuovo papa il cardinal Dolan di New York ammonì ad «aspettarsi un cambiamento della ▶ pubblicità, non del prodotto». E la pubblicità è cambiata grazie allo *spin doctor* Greg Burke, dell'Opus Dei, che suggerisce le mosse al papa come a un *business executive*, anche se dice modestamente: «Io gli passo la palla, ma è lui che segna». La porta, ovviamente, è la bocca aperta dei fedeli.

Funerali Un argomento che a volte si porta a favore della naturalità della ► religione in generale, e della fede nell' ► aldilà in particolare, è che il culto dei morti sembra essere stato praticato fin dai primordi dell'umanità, e se ne trovano tracce anche in alcune specie animali. Strano argomento, che potrebbe allo stesso modo essere invocato per affermare che il culto dei morti e la religione sono faccende da selvaggi, o addirittura da bestie.

Rimane il fatto che la ► morte lascia perplessi tutti, credenti e non credenti, e che gli uni e gli altri cercano spesso modi per rimuoverla. Uno di questi modi è la partecipazione ai funerali, nei quali ci si comporta stupidamente come se il defunto fosse un "diversamente vivo": ad esempio, accordandogli fanatici onori o infamanti insulti, come con Giovanni Paolo II nel 2005 o Erich Priebke nel 2013.

Coloro poi che si ritengono investiti del potere delle «chiavi del regno dei Cieli» lo usano già nella repubblica della Terra, arrogandosi il diritto di decidere a chi possano essere concessi i funerali religiosi. E negandoli ai "cattivi", come Piergiorgio Welby nel 2006, ma concedendoli ai "buoni", come Licio Gelli nel 2015, nell'attesa magari di un ripensamento che conduca a qualche pagliacciata come le ► riesumazioni del passato.

G

Gardner (Martin) Martin Gardner è stato per mezzo secolo il più famoso divulgatore della matematica, grazie alla leggendaria rubrica *Giochi matematici* che ha tenuto dal 1956 al 1981 per l'edizione originale della rivista *Le Scienze*. Ne ha tratto materiale per decine di ► libri di grande successo, e ha anche venduto un milione di copie della sua versione annotata scientificamente di *Alice nel Paese delle Meraviglie* di Lewis Carroll.

Ma Gardner è stato anche un famoso polemista, grazie alla rubrica *Note di un osservatore defilato* che ha tenuto dal 1983 al 2002 per *L'inquisitore* ► *scettico*, organo dell'analogo statunitense del nostro CICAP (il Comitato Italiano per il Controllo delle Affermazioni sul ► Paranormale fondato da Piero Angela). Anche da questa rubrica ha tratto materiale per un'altra serie di libri di successo.

Questo suo lato polemico, di eccezionale fustigatore della normale stupidità, ha fatto divertire gli scettici e avrebbe dovuto far vergognare gli ingenui che credono che Karl Popper sia un grande filosofo, Bruno Bettelheim un grande psicanalista, Jiddu Krishnamurti (che stregò il fisico David Bohm) un grande guru, e la signora Piper (che turlupinò lo psicologo William ► James) una grande *medium*.

Gender   Negli anni '70 la sociologia statunitense, già in odore di stupidità sia per il sostantivo che per l'aggettivo, ha inventato un analogo profano della ► transustanziazione: l'idea, cioè, che come un'ostia può non avere la sostanza del pane, pur mantenendone tutti gli attributi, così un uomo può non avere la sostanza del maschio pur mantenendone tutti gli "attributi". Idem per la ► donna.

È naturale che un essere umano possa sentire attrazione sessuale per il proprio sesso, invece che per quello opposto: talmente naturale, che la cosa avviene appunto in Natura anche in molte altre specie animali. Ed è culturale che a un essere umano possa piacere vestirsi come l'altro sesso, invece che come il proprio: portare i ► tacchi è tanto stupido quanto indossare una ► cravatta, e viceversa.

Ma quando un decatleta come Bruce Jenner vince le ► Olimpiadi maschili nel 1976, stabilisce più volte il record del mondo, ha tre mogli e sei figli, rifiuta riassegnazioni chirurgiche del sesso e terapie ormonali, mantiene i cromosomi maschili e l'attrazione sessuale verso le donne ma ritiene di «essere mentalmente una donna», sta solo facendo ottima ► metafisica, buona sociologia, cattiva letteratura e pessima scienza.

G e n i o   Nel secondo volume del *Grande Dizionario Universale dell'Ottocento* (1865), alla voce «Genio» si legge: «Una cosa che mi umilia profondamente è vedere che il genio umano ha dei limiti, ma la stupidità umana no». La citazione viene attribuita ad Alexandre Dumas, senza specificare se il padre, autore dei *Tre moschettieri* (1844), o il figlio, autore della *Signora delle camelie* (1848).

Non si vede però perché la cosa debba stupire, e possa umiliare. In fondo, anche la conoscenza ha dei limiti, ma l'ignoranza no: se non altro, perché un cervello *finito* non può che contenere un numero limitato delle *infinite* conoscenze possibili. Il che dovrebbe rallegrarci, perché ci mostra che siamo tutti infinitamente e ugualmente ignoranti, a fronte delle nostre piccole differenze di cultura.

Ora, la cultura sta al genio come l'ignoranza sta alla stupidità. Tutti diciamo e facciamo ► abitualmente un'infinità di stupidaggini, ma solo raramente ci capita di avere uno sprazzo di ► intelligenza. Genio non è chi ha *sempre* idee brillanti, ma chi riesce *a volte* ad averne una. Chi invece si sente profondamente umiliato dalla limitatezza del genio forse ha la coda di paglia, perché sa che tanto genio non è.

Gesù Secondo l'evangelista Matteo, nel famoso ► *Discorso della Montagna* Gesù avrebbe detto: «Basterà che diate dello stupido a un vostro amico, per correre il rischio di essere portati davanti al tribunale di ► Dio». Strana pretesa, che sembrava voler istituire una sorta di reato di "vilipendio alla stupidità" senza eccezione alcuna, neppure nei casi in cui essa fosse conclamata.

Probabilmente Gesù voleva anzitutto evitare di essere lui stesso accusato di stupidità per le cose che diceva o faceva, alcune delle quali erano effettivamente parecchio a rischio. Ad esempio, i ► dubbi ► miracoli che nemmeno il popolino riteneva convincenti: l'evangelista Giovanni si lamentava infatti che «sebbene avesse compiuto tanti segni davanti a loro, non credevano in lui».

Probabilmente Gesù voleva anche evitare che fossero accusati di stupidità i suoi seguaci: i famosi «poveri in ► spirito», appunto, ai quali lui assegnava il Regno dei Cieli nell'► aldilà. La stessa preoccupazione la manifestò san Paolo, spiegando nella *Prima lettera ai Corinzi* che «mentre i Greci cercano la sapienza, noi predichiamo Cristo crocifisso, scandalo per i Giudei e stupidità per i pagani». Appunto.

Gesuiti Una barzelletta racconta che a Gerusalemme viene scoperta la mummia di ► Gesù, e il ritrovamento mette in crisi gli ordini ► religiosi. I francescani
toccano con mano i segni della passione e ritengono di
dover amare Cristo ancora di più. I domenicani si pre-
occupano dei sostanziali ritocchi che si rendono neces-
sari alla ► teologia. Ma i gesuiti si guardano stupiti fra
loro, perché scoprono che Gesù era veramente esistito.

La barzelletta gioca sulla perplessità che i gesuiti suscitano con un comportamento che, come nel caso dei
► politici, spesso impedisce di capire se sono veramente stupidi o se lo fanno soltanto. Ad esempio, Galileo
non aveva ► dubbi, quando li fece a pezzi nel *Saggiatore*
(1623). Neppure ► Pascal aveva dubbi, quando li fece a
pezzi nelle *Lettere provinciali* (1657). Ma il primo aveva
torto, e il secondo ragione.

Ai gesuiti si deve l'invenzione della « ► verità gesuiti-
ca», appunto, che è l'arte di dire la verità mentendo, o
di mentire dicendo la verità. È ciò che fece il cardinal
► Bellarmino, che ancor oggi la Chiesa sostiene avesse
ragione nel proprio modo di aver torto contro Galileo.
Ed è ciò che fa tuttora ► papa ► Francesco, che i fedeli
e i *media* ritengono un rivoluzionario nel proprio modo
di essere un incallito conservatore.

Giornali Quand'ancora i giornali erano agli albori, ▶ Montesquieu li teneva già d'occhio nelle *Lettere persiane* (1721), notando che «la pigrizia si sente lusingata leggendoli: si è entusiasti di poter scorrere trenta articoli in un'ora». Quanto alle pagine culturali, aggiungeva che «il gran torto dei giornalisti è di parlare troppo dei ▶ libri nuovi, come se la ▶ verità potesse mai essere nuova. Così facendo essi si impongono la regola di essere noiosi».

Quand'ormai la ▶ televisione era il nuovo mezzo di comunicazione di massa, Marshall McLuhan analizzava *Gli strumenti del comunicare* (1964) e spiegava che i giornali stanno all'origine di un'inversione di tendenza culturale che ci sta portando a ridiventare «selvaggi in un villaggio globale». In particolare, lo sfogliare parallelo e distratto dei giornali ha soppiantato la lettura lineare e concentrata dei libri.

Sfogliare i giornali non sarebbe comunque di per sé stupido, se essi si limitassero a riportare fatti e a dare informazioni. Ma lo diventa quando invece si allargano a fornire opinioni e a fare disinformazione, a vantaggio degli investitori e dei proprietari. E poiché una parte notevole dei giornali è ▶ pubblicità palese o propaganda mascherata, bisogna mantenersi allerta per non cascarci come polli.

Goethe (Wolfgang) Si dice che le ultime parole di Goethe morente siano state: *Mehr Licht*, «Più luce». Fino all'ultimo il grande poeta continuò dunque a importunare la luce, che aveva oscurato da vivo con una straordinaria quantità di stupidaggini.

Il pover'uomo, ringalluzzito per aver scritto qualche bel verso, si era infatti illuso di poter addirittura competere con Newton sul terreno scientifico! Scrisse così una ridicola *Teoria dei colori* (1810), in cui sostenne persino che gli esperimenti di Newton con i prismi erano sbagliati, benché fosse solo lui a non averli capiti. Ma se avesse accettato di sporcarsi umilmente le mani con qualche mucchietto di polvere o un po' di schiuma di sapone si sarebbe accorto che sulla luce e i colori aveva ragione Newton, anche senza scomodare i prismi.

Non da meno sono le ► scienziaggini che Goethe riversò nel romanzo *Le affinità elettive* (1809), un polpettone romantico-alchemico in cui due genitori partoriscono una figlia con i tratti somatici dei rispettivi amanti, perché pensavano a loro nel momento del concepimento! Così era la *Naturphilosophie* idealista dell'Ottocento, disonore del genere umano in generale, e di quello tedesco in particolare.

131

Grande Fratello

Grande Fratello Il *Grande Fratello* televisivo è un'esibizione globale di stupidità che mutua il nome da un'espressione locale di ▶ intelligenza: quella del romanzo *1984* di George Orwell (1948), citato da molti e letto da pochi. Perché il Grande Fratello del ▶ libro è uno sguardo ossessivo, instaurato da un potere politico che controlla e angoscia, e dal quale si fa tutto il possibile per nascondersi. Il Grande Fratello del programma è invece una telecamera, installata da una ▶ televisione commerciale che esibisce e affascina, e dalla quale si fa l'impossibile per farsi riprendere.

Che cosa potrebbe essere il *Grande Fratello* se, invece di pescare i suoi concorrenti nel *mare magnum* dei *minus habentes* intellettuali, li reclutasse fra il *gotha* dell'▶ *intellighenzia*, lo si è visto nel 1945, quando dieci scienziati atomici tedeschi, fra i quali tre premi Nobel, furono catturati da un commando statunitense, portati in un covo dei servizi segreti inglesi e spiati giorno e notte a loro insaputa. Le loro conversazioni, declassificate e pubblicate nel 1992, rivelano che i "cattivi" scienziati tedeschi erano ▶ eticamente più sensibili dei "buoni" scienziati alleati, e rimasero sconvolti dal fatto che i loro colleghi si fossero prestati a fabbricare le bombe atomiche usate in Giappone.

G r a n d i   o p e r e   È un segreto di Pulcinella che le grandi opere esistano per elargire finanziamenti pubblici: in massima parte alle imprese private, tramite i lavori di costruzione delle opere stesse, e in minima parte (il famoso 10%) ai funzionari pubblici, tramite le tangenti. Ma è stupido stracciarsi le vesti per la minima parte, come molti fanno, se poi ci si schiera a favore della massima parte, come fanno altrettanti.

I finanziamenti, spesso elargiti in deroga alle misure di controllo, servono infatti a far banchettare tutta una serie di imprese parassitarie, che subappaltano i lavori ad altri che li subappaltano ad altri, e così via, mentre tutti si arricchiscono a spese dell'ultimo a cui rimane il cerino in mano. Che, come nel caso dell' ▶ IVA, è sempre ovviamente il consumatore o il contribuente.

Oltre a essere grandi furti di soldi pubblici, spesso le grandi opere sono anche grandi stupidaggini, dal circo ▶ pubblicitario dell'Expo alla carnevalata simoniaca del Giubileo. Uno stato degno di questo nome dovrebbe invece selezionare opere sensate e utili e realizzarle in prima persona attraverso i Lavori Pubblici, invece di affidarle a gente che nella cavità toracica custodisce soltanto il portafogli.

Gresham (Thomas) *Le rane* (-405) si aprono parlando della ► merda che a un tale tocca portare sulle spalle in un sacco, e nella sua commedia Aristofane enunciò per la prima volta una forma di quella che poi diventerà nota come *legge di Gresham* (1558): «La moneta cattiva scaccia quella buona». Anche se in realtà si dovrebbe chiamare *legge di Copernico*, perché fu lui a enunciarla per primo in un saggio *Sulla stima della moneta* (1522).

Ma la formulazione di Aristofane era molto più concreta, e non richiedeva nessuna conoscenza di economia: bastava una minima pratica di vita sociale, perché lo scrittore ateniese aveva semplicemente notato che «il ► politico cattivo scaccia quello buono». E se la cosa valeva ai suoi tempi, immaginiamoci ai nostri, con l'imbastardimento della politica provocato dalla sostituzione dei contenuti con la ► pubblicità.

Più in generale, dovunque la pubblicità interviene ecco che «il prodotto cattivo scaccia quello buono». La stessa cosa succede nella Natura e nella cultura, dove gli individui e i ► memi cattivi, ma più adatti, scacciano quelli buoni, che lo sono meno. E tutto contribuisce a rendere un macigno il sacco di merda che ciascuno di noi è stupidamente costretto a portarsi sulle spalle, secondo l'efficace metafora di Aristofane.

Grillo (**Beppe**)   Nel 1986 ci fu un chiacchierato viaggio di Stato in Cina di «Craxi e i suoi cari», come disse Giulio Andreotti. Tangentopoli era ancora lontana, ma l'andazzo dei socialisti al governo era noto a tutti, e il 15 novembre 1986 Beppe Grillo ci scherzò sopra nella trasmissione *Fantastico 7*: «Craxi e i suoi in Cina hanno trovato un miliardo di persone, tutte socialiste. E si sono stupiti: ma se sono tutti socialisti, a chi rubano?».

Grillo fu allontanato dalla ► televisione di Stato e iniziò un lento avvicinamento all' ► ambientalismo e alla politica, sfociato nel 2009 nella fondazione del Movimento 5 Stelle: il ► qualunquismo del commediografo Giannini nella versione del comico Grillo. Il risultato fu, per entrambi, una caduta dalle stelle della satira ► intelligente alle stalle della politica stupida.

Tra le ► scienziaggini di Grillo brillano: il ► ciarlatano Di Bella «curava il cancro» (1998), l'AIDS è «una bufala» (1998), l'inesistente «pomodoro antigelo ► OGM ammazza» (2000), Rita Levi Montalcini è «una vecchia puttana» (2001), le radiazioni dei ► cellulari «cuociono le uova» (2006), i ► vaccini sono dannosi (2007) eccetera. Il tutto da uno che ha sempre predicato: «Non credete a ciò che vi dicono, informatevi». Appunto!

Guerra La stupidità non ha limiti. Ma se ne avesse, uno dei maggiori starebbe sicuramente nella credenza che le guerre si combattono per elevate motivazioni: etniche, ► religiose, politiche, ideologiche, filosofiche, persino ► etiche. D'altronde, se così non fosse, sarebbe difficile riuscire a convincere non solo gli stupidi, ma anche quelli che lasciati a sé stessi non lo sarebbero, a combatterle volontariamente ed entusiasticamente.

Ma per decostruire le grandi stupidaggini ci vogliono grandi ► intelligenze. Nel caso specifico, quelle dei due premi Nobel per l'economia Clive Granger e Robert Engle, che hanno studiato l'andamento degli indicatori economici nel tempo: sia discreti, come il reddito, i consumi e gli investimenti, sia continui, come i ► prezzi e i tassi di scambio. E hanno scoperto che ci sono correlazioni nascoste fra questi fattori.

Ad esempio, i picchi dei mercati statunitensi sono risultati legati alle guerre combattute in Corea, Vietnam, Panama, Iraq e Afghanistan, a riprova del fatto che la guerra è solo una continuazione dell'economia con altri mezzi. Dunque, come ha notato Granger, se volessimo eliminare la guerra dovremmo riuscire a rendere la pace altrettanto redditizia dal punto di vista economico.

H

Hegel (Georg) Arthur Schopenhauer scriveva nel *Mondo come volontà e rappresentazione* (1819): «La massima sfrontatezza nel generare del puro non ▶ senso e nel mettere insieme sciocchezze e assurdità da manicomio si è raggiunta con Hegel, che è divenuto lo strumento della più sfacciata e generale mistificazione che sia mai esistita. Il risultato apparirà incredibile ai posteri, e rimarrà un monumento imperituro alla stupidità tedesca».

William ▶ James aggiungeva nella *Volontà di credere* (1896) di aver fatto esperimenti con il gas esilarante, durante i quali aveva scritto liberamente ciò che gli passava per la testa. Rilette a effetto del gas svanito, le sue frasi erano risultate indistinguibili da quelle di Hegel: ad esempio, «non ci sono differenze, se non le differenze di grado tra gradi differenti di differenza e indifferenza».

In realtà la stupidità di Hegel è semplicemente la ▶ metafisica, nella versione dell'idealismo. Aggravata dal fatto che, mentre per ▶ Platone esistono non solo le idee astratte, ma anche gli oggetti concreti, per Hegel tutto si riduce alle prime e «il mondo diventa favola», come dirà poi Nietzsche. O allucinazione, come per James. O sogno sognato da Vishnu, come nell'induismo. Qualunque stupidaggine, meno che la realtà.

Hitler (**Adolf**)   Il filosofo Leo Strauss ha rilevato, nel ▶ libro *Diritto naturale e storia* (1953): «Sviluppando un ▶ discorso fino alla fine si giunge inevitabilmente a un punto nel quale si rabbuia la scena gettandoci sopra l'ombra di Hitler. Dobbiamo evitare la fallacia della *reductio ad Hitlerum*, che viene ormai troppo spesso usata al posto della *reductio ad absurdum*. Non si refuta un argomento solo dicendo che lo sosteneva anche Hitler!».

Quanto sia stupida questa moderna aggiunta alle figure retoriche classiche è dimostrato dal fatto che, ad esempio, Hitler era vegetariano e amava i ▶ cani. Il che ovviamente non basta per dedurre che allora bisogna mangiar ▶ carne e odiare i cani, se non si trovano altre buone motivazioni per farlo. E la cosa non cambia se invece di una nera *reductio ad Hitlerum* si usa una rossa *reductio ad Stalinum*.

La novità più recente in questo campo è la *legge di Godwin*, formulata nel 1990 dal giudice Mike Godwin a proposito di ▶ Internet: «Più una discussione in rete si prolunga, più la probabilità che si arrivi a paragonare l'interlocutore a Hitler o a un ▶ nazista si avvicina a 1». Il momento in cui questo accade si chiama *punto di Godwin*, ed è la spia che si è cominciato a dire stupidaggini.

Hollywood John of Holywood, o Giovanni del Sacrobosco, è stato un famoso logico inglese del Duecento. Ma il nome di Hollywood, la Mecca del Cinema, non deriva né da lui, né da niente di altrettanto elevato. Più prosaicamente, è solo un adattamento di ciò che un ► immigrato cinese rispose nel 1886 in *broken english* al proprietario dell'appezzamento da cui nacque la città: «*I haully wood*», «Raccolgo legna».

E molta della legna prodotta dall'industria del cinema che si installò nel 1911 nel nuovo sobborgo di Los Angeles era effettivamente da ardere. Hollywood è infatti diventata il "ministero della Propaganda" del modo di ► vita statunitense, e ha bombardato il mondo con tempeste di *colossal* realizzati con grandi finanziamenti, grandi trucchi, grandi ► divi e grandi ► pubblicità, ma con piccole ambizioni intellettuali e artistiche.

Il risultato è stato un festival di stupidaggini da Oscar: dal ► *fantasy* degli stupidi ► extraterrestri all'*horror* degli stupidi ► vampiri, dall'azione degli stupidi inseguimenti d'► auto alla violenza delle stupide sparatorie. Il che ha prodotto la nascita di cinema indipendenti e nazionali in reazione alla teodicea cinematografica secondo cui «la ► merda capita», soprattutto a Hollywood.

Idrogeno   In un'antologia di scritti divulgativi intitolata *La mia voce alterata* (1985), lo scrittore di fantascienza Harlan Ellison raccontò: «Qualcuno mi ha domandato come possiamo mettere a tacere, una volta per tutte, i tonti e gli oscurantisti che credono in ogni sorta di assurdità. Ho risposto che non possiamo: a parte l'idrogeno, l'elemento più abbondante nell' ► universo è la stupidità».

Poco dopo, *Il vero* ► *libro di Frank Zappa* (1989) attribuì al musicista questa dichiarazione: «Alcuni scienziati dicono che l'idrogeno, essendo così abbondante, è il mattone fondamentale dell'universo. Io contesto: secondo me la stupidità è più abbondante dell'idrogeno, ed è quello il vero mattone fondamentale dell'universo. Ma non lo dico per pessimismo, solo per precisione».

Tenuto conto dell'abbondanza relativa dell'idrogeno rispetto alla materia barionica, la non pessimistica stima di Frank Zappa è dunque che gli stupidi siano almeno il 75% del genere umano. Ma Umberto ► Eco si è dimostrato più ottimista, almeno la volta che ha dichiarato: «Probabilmente a causa dell'inesistenza di ► Dio, il 90% della gente sono dei coglioni».

IgNobel Una delle leggi di ► Cipolla sulla stupidità dice che la percentuale degli stupidi è la stessa in qualunque categoria di persone: dunque, anche fra gli scienziati. E come il Nobel premia ogni anno a Stoccolma le scoperte degne di entrare negli annali della scienza, l'IgNobel addita ogni anno a Harvard le trovate degne di entrare negli annali delle ► scienziaggini «per aver fatto sia ridere che pensare».

Nell'albo di latta degli "ignobili" troviamo Benveniste per la «memoria d'acqua» che avrebbe giustificato l' ► omeopatia (1991), Hubbard per l'invenzione della ► scientologia (1994), la rivista *Social Text* svergognata dalla beffa ► Sokal (1996), ► Murphy per aver enunciato la legge che porta il suo nome (2003), e le ► banche Goldman Sachs e Lehman Brothers per la scoperta del modo ottimale di massimizzare il guadagno e minimizzare il rischio (2010).

Ma in certi punti il confine tra la scienziaggine fasulla e la scienza vera è sottile come il Ponte del Giudizio che, secondo ► Maometto, dovremo passare per arrivare in Cielo. Ad esempio, Andrej Geim ha vinto l'IgNobel nel 2000 per una ricerca sulla levitazione magnetica delle rane, e il Nobel nel 2010 per la scoperta del grafene.

Immacolata   Chi prova a domandare a un generico credente cosa significhi «immacolata concezione», in genere ne ottiene come risposta: «concezione verginale». Cioè, una stupidaggine ▸ teologica, che confonde tra loro due ▸ dogmi: quello del concepimento verginale di ▸ Gesù, proclamato dal Concilio di Costantinopoli nel 381, e quello del concepimento di Maria senza peccato originale, proclamato nel 1854 da Pio IX.

Come si sia scoperta la novità dell'Immacolata Concezione, quasi duemila anni dopo la supposta esistenza dell'interessata, è presto detto: attraverso un *referendum* tra i vescovi tenuto nel 1849, nel quale 570 prelati su 665 risposero positivamente al dilemma. Immediatamente anche il Cielo si adeguò, e già nel 1858 la Madonna apparve a Lourdes a un'analfabeta dichiarando: «Io sono l'Immacolata Concezione».

Pio XI canonizzò la visionaria l'8 dicembre 1933, giorno dell'Immacolata Concezione. Alla basilica doverosamente elevata sul luogo del prodigio sono accorsi in un secolo e mezzo duecento milioni di fedeli, e sono stati "certificati" una settantina di ▸ miracoli: una percentuale molto più bassa delle remissioni spontanee delle malattie, dalle quali si guarisce dunque molto più frequentemente stando semplicemente a casa.

Immigrati «Chi non ricorda il passato è condannato a ripeterlo», diceva *La ragione nel senso comune* (1905) di George Santayana. In particolare, chi non ricorda le invasioni barbariche nell'Impero Romano è condannato a riviverle nelle invasioni degli immigrati nella Comunità Europea. Questi fenomeni sono infatti determinati da ineluttabili forze oggettive, che non si curano delle impotenti volontà soggettive degli stupidi che si illudono di poterle esorcizzare. Ad esempio, attraverso impotenti misure di calmieramento dell'invasione, della stessa natura e inefficacia di quelle già prese inutilmente dai nostri antenati.

Credere di poter fermare il flusso dell'immigrazione attraverso una sua regolamentazione è tanto stupido quanto sperare di poter fermare la caduta di un masso con una modifica legislativa alla legge di gravità. Il vero problema è che la distribuzione delle risorse e delle ricchezze è enormemente squilibrata a nostro favore, e doveva prima o poi essere riequilibrata: non avendolo voluto fare noi con le buone, lo faranno altri con le cattive. Ma non facendolo noi abbiamo dimostrato non solo di voler indegnamente mantenere le diseguaglianze, ma anche di non aver stupidamente imparato la lezione della storia.

Incompetenti Laurence Peter e Raymond Hull hanno dedicato il loro ► libro *Il principio di Peter* (1969) a spiegare come mai, così spesso, le posizioni di comando e di responsabilità siano ricoperte da incompetenti. Il titolo si riferisce a un'omonima legge da uno di loro enunciata, secondo cui «la carriera fa salire la gente fino al proprio livello di incompetenza». E, più in generale, «la competizione spinge le cose fino al punto di rottura».

Il problema sta nel fatto che, in genere, si riceve una promozione a un livello successivo sulla base delle abilità dimostrate al livello precedente. A forza di salire nella gerarchia, si finisce col raggiungere un livello per il quale non si è più preparati o adeguati, come dimostra il fatto che in seguito non si ricevono più ulteriori promozioni. E non si può pensare di promuovere la gente solo dopo che ha già dimostrato di saper svolgere i compiti richiesti al livello successivo, perché questi spesso non sono di competenza del livello precedente.

Non prendiamocela dunque con gli incompetenti palesi con i quali abbiamo giornalmente a che fare e che ci rovinano la ► vita. La colpa è degli incompetenti nascosti che li hanno promossi e non li retrocedono a un ruolo in cui non farebbero danni.

Inefficienti Alle osservazioni relative alla competenza e all'attitudine dei lavoratori, se ne affiancano altre relative alla complessità e all'efficienza dei lavori stessi. La più nota è la *legge di Parkinson*, che prende il nome dall'omonimo articolo di Cyril Parkinson sull'*Economist* del 1955, poi espanso in un omonimo ▸ libro del 1958: «Un lavoro finisce sempre per richiedere tutto il tempo e tutte le risorse a disposizione». Ovvi esempi sono l' ▸ abitudine degli studenti a procrastinare i compiti fino all'ultimo momento. O la tendenza dei programmi di *computer* a usare sempre più memoria per svolgere le proprie funzioni.

Una riformulazione paradossale di questa legge è stata proposta da Douglas Hofstadter in *Gödel, Escher, Bach* (1979): «Ci vuole sempre più del previsto, anche tenendo conto della legge di Hofstadter». Riecheggia qui la famosa *legge di* ▸ *Murphy*: «Se qualcosa può andare storto, lo farà». Anche se, nel caso dell'efficienza, più che andar storte le cose semplicemente non vanno dritte: si potrebbero far ▸ meglio, più velocemente o con minori risorse, ma si finisce per farle peggio, mettendoci più tempo o spendendo di più, a causa della naturale propensione umana alla sciatteria.

Inglesismi L'imperialismo culturale, da un lato, e l'asservimento culturale, dall'altro, si manifestano nell'abuso di parole della lingua di una cultura dominante nella lingua di una cultura dominata. Anche se un popolo può essere dominante culturalmente ma dominato politicamente, come ricorda il detto di Orazio: «La Grecia conquistata conquistò il selvaggio conquistatore».

L'imperialismo culturale del colto greco in seguito si alleò con quello del selvaggio latino, e persiste anacronisticamente nel ► liceo classico. Nella filosofia continentale un analogo imperialismo del tedesco rende ridicoli i seguaci di ► Hegel e Heidegger, che non dicono mai una frase completa in italiano per paura che si capisca che non stanno dicendo niente, come i loro maestri.

La gente comune è invece vittima dell'imperialismo culturale dell'inglese, conseguenza della dominazione politico-economica *yankee*. E così è tutto uno stupido fiorire di *manàgement* e *develòpment*, con gli accenti sbagliati, o di ► *gender* e altre parole ► politicamente corrette: anzi, *politically correct*. Quasi tutte scritte in tondo, come se ormai fossero naturalizzate italiane, anche se qualche Don Chisciotte si ostina a mantenere il loro corsivo per rivendicare la propria *independence*.

Intelligenza Nel romanzo *Punto contro punto* (1928) Aldous Huxley scriveva: «Se si guarda la voce "intelligenza" nell'*Enciclopedia Britannica*, la si trova classificata in tre tipi: umana, animale e militare. Mio padre era un perfetto esempio di intelligenza: quella militare». L'interessante di questa classificazione è, ovviamente, che di solito né gli animali, né i militari sono considerati intelligenti.

Nel ► *Discorso sul metodo* (1637), ad esempio, Cartesio considerava gli animali dei puri automi, e riteneva stupidi alla stessa maniera gli uni e gli altri. Oggi noi distinguiamo invece le loro stupidità, perché l'Intelligenza Artificiale ha dimostrato che i compiti che i computer svolgono bene, come il calcolo automatico, sono diversi da quelli in cui eccelle l'istinto animale, come il riconoscimento delle facce o delle voci.

Quanto agli uomini, la loro intelligenza è variegata. I militari di cui parla Huxley, dai ► poliziotti ai soldati da ► guerra, obbediscono stupidamente agli ordini nello stesso modo in cui le macchine eseguono le istruzioni. Le ► donne invece sembrano eccellere nell'intelligenza istintiva, ma non in quella logica-deduttiva tipica della matematica e degli scacchi, nella quale eccellono invece gli ► Ebrei.

Internet Negli *Strumenti del comunicare* (1964) Marshall McLuhan ha mostrato come i nuovi *media* siano la causa di un progressivo imbarbarimento della cultura basata sui vecchi ► libri. I ► giornali, la ► televisione e Internet hanno infatti trasformato l'intero mondo in un «villaggio globale» popolato da selvaggi adusi più a sfogliare un quotidiano, fare *zapping* al televisore e navigare in rete che a leggere saggi e romanzi.

Ma mentre sui giornali e in televisione si trova solo ciò che i proprietari ci mettono, in rete appare di tutto: compreso ciò che ci mettono gli utenti. Il che fa sì che il 90% delle cose che girano su Internet siano delle ► cazzate: dai *social networks* come ► Facebook alle piattaforme come YouTube, dove chiunque può condividere le proprie miserie quotidiane con schiere di «amici» che elargiscono i loro «mi piace».

La rete ha anche creato le condizioni per un'esplosione cambriana di molte nuove specie di stupidi: *trolls* che inondano *mails*, *blogs*, *forum* e *chats* di *spam*, *hackers* che infestano i computer di *virus*, ► pubblicitari che gettano esche per l'*e-commerce*, maniaci sessuali che bazzicano nei siti porno, spie informatiche che carpiscono segreti personali… Tutti uniti nel rendere la ► vita virtuale ancora più stupida di quella reale.

Interventi umanitari Che le ▶ guerre combattute dall'Italia in anni recenti siano interventi umanitari è una stupidaggine sbugiardata dall'articolo 11 della Costituzione: «L'Italia ripudia la guerra come strumento di offesa alla libertà degli altri popoli e come mezzo di risoluzione delle controversie internazionali. Consente, in condizioni di parità con gli altri Stati, alle limitazioni di sovranità necessarie a un ordinamento che assicuri la pace e la giustizia fra le nazioni. Promuove e favorisce le organizzazioni internazionali rivolte a tale scopo».

Solo uno stupido può credere, ad esempio, che le invasioni dell'Afghanistan e dell'Iraq non rechino offesa alla libertà dei popoli afghano e iracheno, e assicurino la pace e la giustizia fra le nazioni, visto che sono semplicemente guerre neocoloniali. In ogni caso, l'intervento in Afghanistan non è stato effettuato sotto l'egida delle Nazioni Unite, ma della Nato: un'organizzazione di mutua difesa dei paesi atlantici, nessuno dei quali era stato minacciato dall'Afghanistan. E l'intervento in Iraq è stato compiuto aggirando le delibere del Consiglio di Sicurezza, che erano comunque state prese sulla base di prove false. Ma, dopo quindici anni e sette governi, in Italia nessuno pare essersene ancora accorto.

Invisibile Non è affatto stupido pensare che «ci sono più cose in cielo e in Terra di quante ne vedano i nostri occhi», o addirittura «di quante ne percepiscano i nostri sensi», benché l'abbia (quasi) detto uno scrittore. I sensi hanno infatti limiti ben definiti, al di là dei quali non possono andare: ad esempio, la vista è confinata all'interno della finestra della luce visibile, di lunghezza d'onda compresa fra i 400 e i 700 nanometri.

Non è nemmeno stupido pensare che ciò che non è direttamente percepibile con i nostri sensi sia addirittura la maggior parte di ciò che c'è. Ad esempio, la luce visibile è una minima parte dello spettro elettromagnetico, indirettamente percepibile con gli strumenti, che si estende in una direzione nell'ultravioletto, nei raggi x e nei raggi gamma, e nell'altra direzione nell'infrarosso, nelle microonde e nelle onde radio.

Stupido è invece pensare che, poiché ci sono cose che non possiamo percepire con i sensi, allora esiste qualunque cosa che possiamo immaginare con la mente. La realtà rimane oggettiva anche quando non è sensibile, e scambiare il possibile della ▶ metafisica, della ▶ teologia e del ▶ paranormale con l'esistente nel mondo esterno configura un disturbo delle capacità cognitive che va sotto il nome di psicosi.

IVA L'IVA, o Imposta sul Valore Aggiunto, in teoria dovrebbe giustamente ▸ tassare gli aumenti di valore che una merce subisce nei vari passaggi della propria produzione: cioè, i redditi dei produttori. In pratica, invece, tassa stupidamente la diminuzione del reddito che un consumatore subisce quando compra la merce nell'ultimo passaggio della catena: reddito che era già stato tassato direttamente, e che ora viene di nuovo tassato indirettamente.

Si tratta di una truffa compiuta dallo Stato a vantaggio proprio e dei produttori ma a danno dei consumatori, a causa del meccanismo della detrazione dell'IVA. Ad esempio, se l'IVA è al 22% e un produttore intermedio compra materia prima da un produttore iniziale per 100 euro, la paga 122 euro. Se con essa produce una merce che vende a 200 euro, il consumatore finale la paga 244. Dei 44 euro di IVA il produttore intermedio ne consegna 22 allo Stato e detrae i 22 euro che ha anticipato comprando la materia prima. Lo stupido risultato è che i 44 euro li paga interamente il consumatore finale, ma lo Stato li incassa per metà dal produttore iniziale e per metà dal produttore intermedio, che il valore aggiunto lo producono, ma sul quale non pagano nessuna IVA.

J

James (William) Dei due fratelli James si diceva che il romanziere Henry scriveva come un filosofo, e il filosofo William come un romanziere. Quest'ultimo era un eclettico che divenne famoso come psicologo per i *Princìpi di psicologia* (1890), come studioso delle ► religioni per *Le varie forme dell'esperienza religiosa* (1902) e come filosofo per il *Pragmatismo* (1907).

In *Un* ► *universo pluralistico* (1909) James introdusse il concetto di «multiverso» o «pluriverso», oggi mutuato dalla fisica moderna. Non credendo all'esistenza di una realtà assoluta, egli si limitava infatti a sostenere che ogni cosa può essere guardata e vista da una moltitudine di prospettive, tutte parziali e nessuna completa. E descriveva il mondo «più come una repubblica federale che un impero o un regno, con sacche di autogoverno irriducibili all'unità».

Inevitabile che in questa repubblica federale ci fossero sacche di stupidità autogestita: ad esempio, il ► paranormale. Infatti James fu uno dei seguaci della *medium* Leonora Piper, famosa per comunicare con i defunti: ne frequentò le sedute ► spiritiche e la paragonò al corvo bianco che smentisce l'assunto che «tutti i corvi sono neri». Anche se in seguito la grande *medium* si rivelò essere solo una cornacchia truffaldina.

Junk Gli Stati Uniti sono sotto molti aspetti un paese barbaro e stupido, e uno dei modi in cui questa barbara stupidità si manifesta è nel gusto che gli *yankees* trovano nel "mangiar ▶ merda", ingurgitando chili di *junk food*, «cibo spazzatura», e litri di *junk drinks*, «bibite spazzatura». Se lo facessero soltanto a casa loro non sarebbero ovviamente fatti nostri, ma il problema è che la loro stupida barbarie ha da tempo infettato il mondo intero, ormai completamente colonizzato dall'imperialismo alimentare di multinazionali quali McDonald's e la Coca-Cola, rispettivamente presenti in 120 e 200 paesi del globo con le loro basi.

Il cibo è comunque solo uno dei fronti sui quali il *junk* statunitense combatte la sua ▶ guerra totale. Un altro è il *junk clothing*, dalle *T-shirt* in fibre sintetiche ai berretti da *baseball*, spesso stupidamente indossati con la visiera all'indietro. Ma i fronti più subdoli su cui infuria la battaglia sono quelli del *junk food for thought*, cioè l'addestramento al "pensar merda": dai film di ▶ Hollywood al *trash* televisivo, dalla *muzak* dei supermercati agli *instant books* "leggi e getta". Senza dimenticare ovviamente la pervasività degli ▶ inglesismi: a partire da quello che ci ricorda che *shit happens*, e si chiama appunto *junk*.

K

K Nel suo *Piccolo sillabario illustrato* (1977) Italo Calvino imbastisce una serie di minitesti narrativi, la cui chiave consiste ogni volta in un'espressione foneticamente equivalente alla successione delle sillabe formate da una stessa consonante e dalle cinque vocali: ad esempio, «ca-che-chi-co-cu» o «cia-ce-ci-cio-ciu». E salta subito agli occhi quanto stupido sia il sistema che usiamo per tradurre l'orale nello scritto.

Così come il principio ispiratore della ► democrazia è «un uomo, un voto», quello della fonetica dovrebbe infatti essere «un suono, un segno». Ma già l'esempio delle due forme di scrittura per la «c» dura mostra quanto siamo lontani dalla sua realizzazione. Il latino arcaico faceva ancora peggio, e ne usava addirittura tre: «ka-ce-ci-qo-qu». Per questo, ad esempio, *Cicero* si pronunciava «Chichero».

Nel primo volgare sembra che invece si usasse la sola «k», come suggerisce il *Placito di Capua* (963): «Sao ko kelle terre, per kelle fini que ki contene, trenta anni le possette parte Sancti Benedicti». Ma poiché le lingue naturali si evolvono selvaggiamente e stupidamente, a immagine e somiglianza della confusione delle menti, questo tentativo di razionalizzazione della fonetica andò presto perduto.

L

Las Vegas   Nel suo *Viaggio nell'iperrealtà* (1975) Umberto ► Eco scriveva: «Las Vegas è una città incentrata sul gioco e sullo spettacolo. La sua architettura è del tutto artificiale ed è stata studiata da Robert Venturi come un fatto urbanistico del tutto nuovo. Una città "messaggio", tutta fatta di segni: non una città che comunica per poter funzionare, bensì una città che funziona per comunicare». In quanto tipica *nowhere land*, «non luogo», Las Vegas è la destinazione ideale per lo stupido *Nowhere man* (1966) dei Beatles: un uomo che «non ha punti di vista, non sa dove andare, e vede solo ciò che vuol vedere».

Ma Las Vegas non è che la punta dell'*iceberg* del ► *junk* architettonico e urbanistico statunitense. Da un lato ci sono le copie della realtà, in cui il rifacimento tende a far dimenticare l'originale: dalla ricostruzione del Partenone a Nashville, al castello medioevale di William Hearst a San Simeon. Dall'altro lato ci sono gli originali della finzione, in cui il ► *fantasy* tende a sostituire la realtà: dagli studi cinematografici a ► Hollywood, ai mondi fiabeschi di Disneyland e Disney World. Il risultato è un panino indigesto, in cui la salsa *kitsch-up* separa due fette di stupidità: quella di chi queste ► cazzate le produce, e quella di chi se ne bea.

Leadership Il *principio di Peter* spiega perché una persona che è competente a certi livelli, prima o poi ne raggiunge uno per il quale risulta ► incompetente. Il complementare *principio di Dilbert*, che prende il nome dalla rivista sulla quale lo pubblicò nel 1995 lo scrittore satirico Scott Adams, spiega invece perché riescano a far carriera persone che non sono competenti a nessun livello.

Si tratta di una versione moderna del venerabile *promoveatur ut amoveatur*, «promuovere per rimuovere». E afferma che «la *leadership* è la soluzione naturale per rimuovere gli incompetenti dal processo produttivo». Li si toglie di torno, cioè, perché vadano a far danni altrove.

Non ci sarebbe niente di male a riconoscere che, in fondo, siamo tutti incompetenti rispetto alla maggior parte dei compiti possibili: i guai derivano semmai dal fatto di *non* riconoscerlo. Lo stabilisce il *principio di Nartreb* enunciato nel 1995 sul *New York Times*: «Le professioni attraggono la gente meno adatta a svolgerle». Le persone, e soprattutto i sedicenti *leaders*, tendono infatti a scegliere le professioni che permettono loro di esprimere al ► meglio la propria incompetenza, invece di quelle che sarebbero eventualmente portate a fare.

Libertà di stampa È stato Edmund Burke, il Cicerone britannico, a coniare nel 1787 l'espressione «quarto potere» per i *media*, da aggiungere ai tre poteri descritti da ► Montesquieu. Un'espressione poi ripresa nella traduzione italiana di *Citizen Kane* di Orson Wells, che nel 1941 stigmatizzava la degenerazione dei ► giornali il cui motto è: «Non aver paura di commettere un errore, ai tuoi lettori potrebbe piacere».

Sulla scia di William Hearst e Rupert Murdoch, il giornalismo moderno è ormai sempre più un contenitore per la diffusione di interpretazioni soggettive, e sempre meno un organo per l'informazione di fatti oggettivi. Si pone dunque il problema di controllare la libertà di stampa, che troppo spesso viene stupidamente fraintesa come libertà di dire qualunque cosa: non soltanto la scomoda ► verità, ma anche la comoda falsità.

L'ovvio problema è «chi controlla i controllori» della libertà di stampa. Un problema già sollevato in generale da ► Platone nella *Repubblica*, e che tende a spingere gli stupidi governanti a emanare leggi che, da un lato, incoraggino la diffusione delle "verità di Stato" mediante il reato di ► negazionismo e, dall'altro, scoraggino lo smascheramento delle "menzogne di Stato" mediante il reato di responsabilità dei giornalisti.

Libri Sembra che in Italia due terzi dei cittadini non leggano neppure un libro all'anno, ma il rimanente terzo non sta molto ► meglio. Per la *rivelazione di Sturgeon*, infatti, il 90% dei libri pubblicati sono ► cazzate. E tra questi rientrano quasi tutti quelli che raggiungono le cime delle classifiche, a causa dell'ormai ubiquo influsso degenerativo prodotto dalla ► televisione e dall' ► Auditel.

Ma la decadenza del libro precede di molto la televisione: data infatti, paradossalmente, dall'invenzione della stampa. Prima la diffusione di un libro dipendeva dalle copie redatte a mano dagli amanuensi, e dunque dal gradimento degli intellettuali: bastava che un libro non venisse ricopiato per decretare una sua *damnatio memoriae*, come successe ad esempio al *De rerum natura* di Lucrezio, reo di materialismo ateo.

La stampa delegò invece le sorti dei libri agli stampatori, dapprima, e agli editori, poi. E poiché per gli uni e per gli altri i libri sono spesso il mezzo per raggiungere il fine del guadagno, a perderci è stata la cultura: più le "logiche" del mercato prendono il sopravvento, più si abbassa il livello intellettuale dei "prodotti", e ormai non si capisce se in media siano più stupidi quelli che i libri non li leggono o quelli che li leggono.

Liceo classico ► Croce e Gentile hanno rovinato la ► scuola italiana con la balzana idea secondo cui coloro che andranno a lavorare devono studiare cose utili che poi applicheranno sul lavoro, appunto, mentre i figli di papà che andranno a comandare possono studiare cose inutili che non applicheranno mai, come il latino e il greco. Stupidamente, oggi c'è ancora chi crede alle sentenze sputate un secolo fa dai due esponenti del ► genio italico.

La vera motivazione per lo studio del latino è, semplicemente, che lo parlano i preti. Ma poiché confessarlo rivelerebbe la stupidità della cosa, ci si nasconde dietro la scusa che studiare latino e greco serve a sviluppare l'analisi logica: come se questa non si potesse sviluppare allo stesso modo studiando tedesco o russo, che almeno sono lingue vive, o in modo migliore studiando la logica, che difettava a quel poveruomo di Croce.

Un'altra scusa per l'accanimento terapeutico sul moribondo liceo classico è che è difficile e insegna a studiare. Ma allora basterebbe rendere difficili anche le altre scuole, evitando di far diplomare qualunque asino per il «diritto allo studio», solo perché oggi è venuto meno il "dovere allo studio". E sono comunque più difficili (e più utili) le scienze vive delle lingue morte ma non ancora sepolte.

Linguaggio   Il linguaggio è un'arma a doppio taglio, perché oltre a esprimere sensatezze permette anche di dire stupidaggini. E una delle innumerevoli stupidaggini che sono state dette e ripetute riguarda il fatto che saremmo gli unici esseri dotati di linguaggio, appunto. Quando invece bisognerebbe dire, semmai, che siamo gli unici capaci di dire stupidaggini.

In ogni caso, una gran quantità di specie animali è in grado di scambiare informazioni attraverso un linguaggio. Le formiche lo fanno tramite messaggi chimici basati sui feromoni. Le api mediante una danza oscillante. I ▶ pipistrelli attraverso un sonar a frequenza modulata. I cavalli con un sofisticato linguaggio del corpo. Gli elefanti coordinano i loro movimenti a distanza di chilometri usando infrasuoni. Le balenottere azzurre lanciano richiami ritmici a centinaia di chilometri, e cantano in cori fino a dodici voci. Le scimmie antropomorfe riescono addirittura a comunicare con gli uomini attraverso il linguaggio a segni dei sordomuti.

Oggi, poi, persino le macchine hanno un loro linguaggio. Che è pure ▶ meglio del nostro, perché è stato pianificato razionalmente a tavolino e con cognizione di causa, invece di essere opera di un ▶ dio minore o di un orologiaio ▶ cieco.

Lucifero Una delle stupidaggini ▸ teologiche più popolari e diffuse è l'identificazione di Lucifero con il Diavolo. In origine infatti il nome latino Lucifero, così come il nome greco Fosforo, significavano semplicemente «portatore di luce» e indicavano Venere, in quanto Stella del Mattino. Anche la Bibbia usava il termine in questa accezione: ad esempio, nell'*Apocalisse* ▸ Gesù stesso dice «Io sono Lucifero», nel ▸ senso di colui che porterà la luce di un nuovo giorno.

Ora, a parte il Sole e la Luna, Venere è l'oggetto celeste più brillante insieme a Giove, e dal fatto che non la si vede di notte nacque il mito che fosse stata cacciata dal cielo perché aveva osato sfidare Giove. Isaia alluse a questo mito quando, augurandosi la caduta del re di Babilonia dal trono, parlò metaforicamente di «Lucifero caduto dal cielo».

Ma poiché gli ▸ Ebrei consideravano Babilonia il regno del peccato e il suo re un pervertito, quel brano fu riletto dai padri della Chiesa come una raffigurazione della cacciata del Diavolo dal Paradiso. E di lì nacque la leggenda di Lucifero come ▸ angelo ribelle, divulgata da ▸ Dante nella *Commedia* e da Milton nel *Paradiso perduto* (1667), a dimostrazione del detto di Borges «la teologia è un ramo della letteratura fantastica».

Lysenko (Trofim)   I primi teorici dell'ereditarietà, da Lamarck a Darwin, pensavano che un individuo potesse trasmettere ai propri discendenti i caratteri fisiologici acquisiti in ► vita, allo stesso modo in cui può lasciare in eredità ai propri eredi i capitali acquisiti. Ma mentre il ► capitalismo funziona così, generando un'unica specie di stupidi figli di papà, da Weismann in poi i genetisti hanno dimostrato che la Natura procede altrimenti per generare la varietà delle specie vegetali e animali.

Il ► comunismo sovietico saggiamente rifiutò l'idea dell'eredità economica, ma stupidamente rifiutò anche l'idea dell'ereditarietà genetica, considerandole entrambe "borghesi", e preferì assegnare la responsabilità dell'ereditarietà biologica non alla mutazione genetica, ma all'interazione fra l'organismo e l'ambiente, o l'individuo e la società.

L'Unione Sovietica fu dunque dominata, tra gli anni '30 e '50, da una ► scienziaggine di stampo lamarckista inventata dall'agronomo Trofim Lysenko, che ottenne il beneplacito di Stalin ma provocò nel paese una catastrofe dell'agricoltura e uno stallo della genetica. Solo con la destalinizzazione l'influenza di Lysenko scemò, e le sue balzane scemenze furono finalmente gettate nel cestino dei rifiuti della storia.

M

Madonne piangenti   Il popolino non disdegna i grandi ▸ miracoli ufficiali, da ▸ san Gennaro a ▸ Fatima, ma predilige i prodigi casalinghi, secondo un'antica tradizione. Già Plutarco riporta infatti, nella *Vita di Coriolano*, che spesso ai tempi dei Greci e dei Romani le ▸ statue sussurravano, gemevano, sudavano, piangevano o sanguinavano. Ma, benché fosse un sacerdote, ammette che questi erano fenomeni naturali, fraintesi come segni divini.

Un'antica tradizione cristiana venera la Madonna del Pianto, detta anche l'Addolorata, in ricordo delle lacrime da lei versate durante la passione e ▸ morte del figlio. E se lo slittamento linguistico dalle «statue della Madonna piangente» alle «statue piangenti della Madonna» è breve, quello devozionale è istantaneo.

Una statua piangente sangue umano, ufficialmente certificata come miracolosa dai vescovi della Sicilia, diede origine nel 1953 al culto della Madonna delle Lacrime di Siracusa, praticato anche da Pio XII e Giovanni Paolo II. Un caso mediatico più recente è stato quello, doppiamente miracoloso, di una statua della Madonna che nel 1995 lacrimò sangue *maschile* a Civitavecchia. E non è detto che la Madonna non pianga per davvero lassù, vedendo la stupidaggine dei devoti quaggiù.

Maggioritario   Nel 1953 fu promulgata una legge elettorale che modificava il ▶ sistema proporzionale puro in vigore dalla nascita della Repubblica, e introduceva un premio di maggioranza per il partito o la coalizione che avessero ottenuto la maggioranza assoluta dei voti alle ▶ elezioni. Fu chiamata «legge truffa» e venne abolita l'anno dopo, senza essere stata applicata per il mancato raggiungimento della soglia alle elezioni del 1953.

Nel 1991 Mario Segni, figlio del reazionario presidente della Repubblica Antonio Segni, convinse gli italiani a farsi truffare volontariamente approvando con un *referendum* una modifica maggioritaria alla legge elettorale. La nuova truffa fu perfezionata dapprima nel *Porcellum* del 2005, risultato incostituzionale, e poi nell'*Italicum* del 2015, entrambi miranti ad abolire la ▶ democrazia in favore della governabilità.

La stupidità del proposito e di chi finge di crederci, o ci crede veramente, è certificata dai fatti. Dei dieci cambiamenti di presidenza del Consiglio dell'era del maggioritario (▶ Berlusconi, *Dini*, Prodi, *D'Alema*, Amato, Berlusconi, Prodi, *Berlusconi*, *Monti*, *Letta* e ▶ *Renzi*), ben sei (in corsivo) sono stati provocati da tradimenti del mandato elettorale, ribaltoni e congiure di palazzo, nonostante il maggioritario. C.V.D.

M agia   Da quando Joanne Rowling ha pubblicato *Harry Potter e la pietra filosofale* (1997), la dignità dell'editoria ha fatto un passo indietro e la bufala della magia uno in avanti. I sette ► libri sul maghetto hanno venduto quattrocento milioni di copie e sono stati tradotti in una settantina di lingue, gli otto film hanno incassato otto miliardi di dollari e l'autrice è diventata la ► donna più ricca d'Inghilterra dopo la regina.

Nel terzo millennio il mondo dei bambini si diverte dunque ancora a credere che la realtà possa essere cambiata con un tocco di bacchetta o una formula magica. Non è un caso che poi il mondo degli adulti sia preda delle ► superstizioni più ridicole, e foraggi un giro di affari che nella sola Italia vede ogni anno un esercito di ► ciarlatani, dagli ► astrologi ai cartomanti, dare consulenza a tredici milioni di stupidi.

Ma poiché la magia e i suoi trucchi rappresentano una ► religione casalinga, e la religione e i suoi ► miracoli costituiscono una magia istituzionalizzata, le due imprese competono per la stessa nicchia ecologica. Lo conferma una lettera del 2003 in cui il futuro ► Benedetto XVI scriveva che quelle di Harry Potter «sono subdole seduzioni che corrompono la fede nell'► anima dei giovani ancor prima che si sia completamente formata».

M alizia Honoré de Balzac ha definito la ► burocrazia «un gigantesco macchinario azionato da pigmei»,
che perfidamente rendono la nostra ► vita complicata
e amara. A volte, però, le cose succedono più per colpa
che per dolo.

Come infatti suggerì lo scrittore di fantascienza Robert Heinlein nel racconto *La logica dell'impero* (1941),
non bisogna «mai attribuire alla malizia ciò che può essere spiegato con la stupidità». Questa ► verità è ormai
passata alla storia come *rasoio di Heinlein*, per analogia
con l'analogo strumento filosofico di Ockham.

Qualcun altro ha notato che, inoltre, «ogni ► incompetenza sufficientemente avanzata è indistinguibile
dalla malizia». Questa formula fa il verso alla *legge di
Clarke*, enunciata nel 1973 dal famoso autore di *2001
Odissea nello spazio* (1968), che stabilisce invece: «Ogni
tecnologia sufficientemente avanzata è indistinguibile
dalla ► magia».

Stupidità, malizia e incompetenza sono dunque stret-
tamente legate fra loro. E già Johann Wolfgang ► Goethe aveva anticipato, nei *Dolori del giovane Werther*
(1774), che «l'ignoranza e l'incuria generano più confusione al mondo che la furbizia o la malizia, e comunque
queste ultime sono meno frequenti delle prime».

Maometto Nei *Saggi* (1625) Francis Bacon racconta questo aneddoto: «Maometto fece credere alla gente che avrebbe fatto venire a sé una montagna, e ci sarebbe salito sopra a pregare per i fedeli. La gente si radunò, Maometto convocò la montagna più e più volte, ma visto che la montagna restava ferma non si scompose e disse: "Se la montagna non viene a Maometto, Maometto andrà alla montagna"».

Bacon parla al proposito di «▸miracolo di Maometto», e lo considera un perfetto esempio della stupidaggine degli sfrontati e della sfrontatezza degli stupidi: non solo i ▸religiosi alla Maometto, benché la storiella sia apocrifa, ma anche e soprattutto i ▸politici alla ▸Berlusconi o alla ▸Renzi. I quali sono appunto soliti fare strepitosi voltafaccia senza il minimo imbarazzo a fronte di mancate promesse, sconfitte e scandali.

Ancora più stupido e sfrontato diventa il detto quando lo si rivolta nella forma: «Se Maometto non va alla montagna, la montagna verrà a Maometto». In questo caso il corrispondente voltafaccia risulta ancora più plateale, e saggiamente Bacon conclude: «Gli sfrontati sono sempre divertenti da osservare, perché l'audacia è già ridicola di per sé, ma la sfrontatezza è veramente stupida».

Marò   La faccenda dei due marò è uno dei più emblematici casi di stupidità nazionale e istituzionale del nostro paese. I due sono accusati di aver ucciso due indiani in una sedicente azione «antipirateria» compiuta il 15 febbraio 2012 nelle acque dell'Oceano Indiano, ma sono diventati simboli di un ▸ tifo nazionale «a prescindere» per il solo fatto di indossare la ▸ divisa, come se questa fosse la maglia azzurra di una squadra sportiva.

Il loro caso ha inquietanti analogie con l'episodio del 3 febbraio 1998, quando un aereo militare dei *marines* recise i cavi della funivia del Cermis in Val di Fiemme e provocò la ▸ morte di venti persone. Vi si ritrova la stessa arroganza da parte dei militari e del governo italiano nei confronti dei cittadini e dello stato indiano, che gli statunitensi avevano dimostrato nei nostri confronti.

Le istituzioni italiane si sono spese affinché i due marò potessero sfuggire ignominiosamente alla giustizia indiana, e alla fine l'hanno spuntata. I due sospetti assassini in attesa di giudizio sono stati ricevuti da più presidenti del Consiglio e della Repubblica, come se fossero eroi nazionali. E nei loro confronti un concerto a molte voci, tutte ugualmente e stupidamente stonate, ha sempre preteso impunità e mai giustizia.

Matrimonio Le letterature delle culture che permettono o hanno permesso la ▸ poligamia, dalla Cina all'islam, illustrano in pratica un problema evidenziato dalla teoria dei giochi: mentre i rapporti fra due persone sono relativamente facili da gestire, quelli fra tre o più persone sono complicati dalla possibilità di fare alleanze tattiche o strategiche di alcuni contro altri, che rendono difficile trovare equilibri stabili e duraturi.

Questo spiega in parte la diffusione della ▸ monogamia come modello matrimoniale, insieme alla constatazione del fatto che nella nostra società una coppia fornisce un meccanismo di crescita dei figli più efficiente di un genitore isolato o di una famiglia allargata. Ma non spiega la propensione all' ▸ adulterio che, nonostante la sua stupida rimozione, costituisce l'altra faccia della medaglia del matrimonio.

Il fatto è che le caratteristiche che rendono un uomo un buon amante sessuale e un buon padre fisiologico non sono le stesse che lo rendono un buon marito e un buon genitore. L'accoppiata amante-coniuge offre dunque una serie di benefici, che vanno da una diversificazione del portafoglio genetico e un incremento delle possibilità di concepimento a una maggiore offerta di cibo, protezione e altre risorse.

M atti Il film *A beautiful mind* (2001) ha reso popolare il caso del matematico John Nash, ▶ genio della matematica e caso clinico di schizofrenia, ma il legame tra genialità e pazzia è un luogo comune vecchio come il mondo. Il suo apprezzamento filosofico risale almeno all'*Elogio della follia* (1511) di Erasmo da Rotterdam, e il suo studio clinico sistematico al *Genio e follia* (1864) di Cesare Lombroso.

Gli esempi di artisti (pittori, musicisti, scrittori) e pensatori (▶ teologi, filosofi, scienziati, matematici) con seri problemi mentali sono innumerevoli, ma solo ▶ Tolstoj ha avuto il coraggio di dire la ▶ verità: che se un artista è malato, la sua opera è infetta e può contagiare chi è sano. Tolstoj si riferiva a ▶ Dostoevskij, ma la cosa vale anche per lui e per le opere che scrisse nella seconda metà della sua vita.

E vale ovviamente per tutti i malati che la nostra civiltà considera stupidamente dei geni visionari, da ▶ Pascal a Nietzsche, senza accorgersi che le loro opere sono invece testimonianze di casi clinici, alla stessa stregua del *Diario di una schizofrenica* (1950) di Marguerite Sechehaye. Fanno eccezione, ovviamente, solo le opere che possono ricevere convalide oggettive indipendenti: cioè quelle scientifiche o matematiche.

Meglio   L'ultimo articolo che Lenin scrisse si intitolava *Meglio meno, ma meglio* (1923): un motto che dovremmo tenere a mente quando ci preoccupiamo stupidamente più della quantità che della qualità, come nei ▶ discorsi economici riguardanti il ▶ PIL. Ma ancora più stupido è pretendere di ottenere il meglio, quando è noto che l'ottimo è nemico del buono.

A questo proposito la teoria dei giochi ci insegna che aveva ragione Italo Calvino, quando scriveva in *Se una notte d'inverno un viaggiatore* (1979): «Il meglio che ci si può aspettare è di evitare il peggio». Ad esempio, nel campo della felicità, il meglio che ci si può aspettare è di non essere infelici.

Per applicare la teoria dei giochi è cruciale applicare la nozione di equilibrio di Nash, che prende il nome dal premio Nobel per l'economia la cui vicenda ispirò il film *A beautiful mind* (2001). Si raggiunge quell'equilibrio quando due persone agiscono senza sapere cosa farà l'altro, e dopo aver agito scoprono che si sarebbero comportati nello stesso modo anche se avessero saputo in precedenza che l'altro avrebbe agito come ha fatto. Magari la cosa non soddisfa pienamente nessuno dei due, ma almeno entrambi non sono insoddisfatti, e questo è appunto il meglio che in genere si può ottenere.

Memi Nel romanzo *Erewhon* (1872) il vescovo Butler prese in giro l'evoluzionismo darwiniano, sostenendo che non è l'uovo a essere il mezzo di riproduzione della gallina, ma la gallina a essere il mezzo di riproduzione dell'uovo. Era uno scherzo, ma nel *Gene egoista* (1976) il biologo Richard Dawkins affermò seriamente che nell'evoluzione non sono gli organismi a riprodursi attraverso i geni, ma i geni attraverso gli organismi.

A margine della sua fortunata teoria Dawkins introdusse un'analogia tra i geni della biologia e quelli che lui chiamò i *memi*: quegli elementi culturali, cioè, che si trasmettono da un individuo all'altro non tramite la riproduzione, ma con l'imitazione. In base all'analogia con i «geni egoisti», la cultura sarebbe dunque il prodotto di una competizione fra «memi egoisti»: veri e propri «virus della mente», che agiscono per il proprio esclusivo vantaggio.

Come nell'evoluzionismo darwiniano, a sopravvivere sarebbero non i memi astrattamente «migliori», ma quelli concretamente «più adatti» alla diffusione, indipendentemente dall'utilità che essi possono avere per noi. Il che spiegherebbe l'epidemia di diffusa stupidità che «per l' ► universo penetra e risplende, in qualche *medium* più e meno altrove».

Merda In *Forrest Gump* (1994) un commerciante di adesivi per paraurti chiede all'omonimo protagonista se ha qualche frase notevole da riprodurre. Mentre stanno camminando Forrest Gump pesta una merda, e dice: «Capita». Il commerciante chiede conferma: «La merda?». E Forrest Gump ribadisce annuendo. Nasce così nel film l'espressione *shit happens*, «la merda capita», anche se nel mondo la si usava già prima.

Nonostante le apparenze, però, lo stupido qui non è Forrest Gump che nota che la merda capita, ma il mondo stesso in cui essa capita. O, per chi crede a queste cose, il ▶ Dio che ha creato un mondo in cui la merda capita. Come questo sia possibile è il famoso problema della teodicea affrontato dai filosofi, che essendo più raffinati parlano però del male invece che della merda.

Nel romanzo *Gli dei hanno sete* (1912) Anatole France lo riassumeva così: «O Dio vuole impedire il male, e non può. O può e non vuole. O non può e non vuole. O vuole e può. Se vuole e non può, è impotente. Se può e non vuole, è perverso. Se non può e non vuole, è sia impotente che perverso. Ma se vuole e può, perché mai non lo fa?». Forse, semplicemente, perché anche a Dio capita della merda.

Metafisica Tra tutte le stupidaggini la metafisica è quella che si presenta come la più sofisticata, perché si maschera dietro una sottile confusione tra le parole e le cose: cioè, tra il ► linguaggio e il mondo. Una distinzione che però è chiarissima a chi lavora con le parole, se non è appunto uno stupido.

Ad esempio, a John Lennon, che nel documentario *Imagine* (1972) mette in guardia un *fan*: «Io con le parole mi diverto soltanto. Lo fa Dylan, lo facciamo tutti. Prendiamo alcune parole, le mettiamo insieme, e vediamo se ne esce qualcosa di sensato: a volte sì, ma a volte no».

O a José Saramago, che in un'intervista del 2003 notava: «Il fatto che i misteri durano, o perdurano, deriva quasi sempre dal pregiudizio di andare a cercare cosa sta dietro alle parole. Quasi sempre, infatti, non c'è nulla».

Ed è appunto un mistero come tutti i ► teologi e molti filosofi, che magari sono più colti dei cantanti e più ► intelligenti dei romanzieri, risultino poi essere così stupidi da credere che dietro a molte delle parole della metafisica, da ► anima a ► spirito a ► Dio, ci sia invece ► qualcosa. E continuino a scambiare i concetti astratti per oggetti concreti: cioè, appunto, le parole per le cose e il linguaggio per il mondo.

Miracoli   Di fronte ai miracoli veri che la scienza e la tecnologia quotidianamente ci forniscono, dalle medicine ai viaggi intercontinentali, quelli supposti che provocano la meraviglia, la sorpresa, lo stupore che costituiscono il significato originario del greco *thaūma* e del latino *miraculum* sono soltanto veri e propri «scherzi da prete». E, come diceva Totò, se le cose vere le mettiamo di qua, le supposte dove dovremmo mettercele?

Che qualcosa di poco convincente ci sia, lo sanno tutti. Non solo i provocatori come Émile Zola, il quale faceva notare che fra gli *exvoto* di Lourdes ci sono molte stampelle, ma nessuna gamba di legno. Ma anche gli *embeddeds* come Vittorio Messori, che infatti ha dedicato un ► libro disperato a sostenere la tesi che nel 1640 in Spagna qualcuno diceva che una gamba amputata era veramente ricresciuta a un contadino.

Di miracoli ufficiali o casalinghi ce ne sono parecchi, tutti apprezzati dal popolo bue. Ma le credenze demenziali non sono sempre prova di stupidità: possono anche essere effetti postipnotici, indotti da un'educazione ipnotica come quella della ► scuola, pubblica o privata, del nostro «paese dei miracoli». Non a caso Joseph de Maistre diceva: «Dateceli dai cinque ai dieci anni e saranno nostri per tutta la ► vita».

Monogamia «La monogamia è il più difficile di tutti i rapporti coniugali umani, e anche uno dei più rari», diceva l'antropologa Margaret Mead. Si riferiva ovviamente all'universale difetto dell'essere umano, che da quando mondo è mondo predica stupidamente la fedeltà, ma pratica furbescamente l' ► adulterio: non solo nel mondo della finzione letteraria, ma anche e soprattutto in quello della realtà quotidiana.

La monogamia è rara in Natura, dove meno del 5% delle 4.000 specie di mammiferi forma coppie durature. Ed esiste un legame tra la maggiore o minore tendenza alla monogamia di una specie e il suo dimorfismo sessuale, nel ► senso che tra i mammiferi poliginici il numero delle *partners* è proporzionale al rapporto tra le moli corporee del maschio e della femmina.

Il rapporto è paritetico nei gibboni, che sono monogami. È doppio nei gorilla, che hanno da tre a sei femmine. Ed è dieci volte negli elefanti marini australi, che ne hanno una cinquantina. Poiché gli uomini adulti sono in media tra il 10 e il 20% più pesanti delle ► donne, e circa il 10% più alti, ci si può dunque aspettare da loro una certa ► poligamia, nonostante la stupida avversione dei malpensanti per l'adulterio e il ► divorzio.

Montesquieu L'illuminato secolo di fustigazione della stupidità che si chiuse con ▶ Voltaire e ▶ Diderot si era aperto con Montesquieu. Nelle *Lettere* persiane (1721) egli effettuò l'esperimento di pensiero di guardare alla società occidentale attraverso gli occhi di un orientale e ne mise a nudo le stupidaggini ▶ religiose, politiche, sociali e culturali, in base al principio che è più facile vedere le assurdità altrui delle proprie.

A questo sguardo non si sottrassero nemmeno i ▶ libri: «La natura sembrava aver saggiamente provveduto a che le stupidaggini degli uomini fossero effimere, ma i libri le immortalano. Uno stupido non si accontenta di annoiare i contemporanei. Vuole che la sua stupidità trionfi sull'oblio, di cui poteva giovarsi come tomba. Vuole che i posteri siano informati che ha vissuto, e che sappiano per sempre che è stato uno stupido».

Oggi Montesquieu è ricordato soprattutto per il principio di separazione dei poteri legislativo, esecutivo e giudiziario, enunciato nello *Spirito delle leggi* (1748). Un principio più citato che applicato, visto che un suo immediato corollario sarebbe che le funzioni del parlamentare, del ministro e del giudice sono incompatibili fra loro. Cose antiquate, ormai, e non certo da ▶ democrazia "moderna": cioè, di facciata.

Morte Il 2 novembre la Chiesa cattolica lo dedica alla Commemorazione dei Defunti. È uno dei pochi momenti in cui la nostra sciocca civiltà, che ha fatto il possibile e l'impossibile per rimuovere l'idea della morte, acconsente a guardarla per un attimo di soppiatto, prima di tornare stupidamente a rivolgere lo sguardo altrove per il resto del tempo.

Ma già duemila anni fa, alcuni decenni prima della nostra era, un poeta latino aveva parlato della morte in maniera scientifica e non ► religiosa: cioè, oggettiva e non illusoria. Stiamo parlando di Lucrezio e del terzo ► libro del suo *De rerum natura*, di cui Federico il Grande diceva: «Lo leggo quando sono afflitto, e lo consiglio come lenimento per le malattie dell' ► anima».

La saggia visione di Lucrezio (e delle neuroscienze) è che l'anima, essendo una funzione del corpo, non è immortale e alla fine si dissolve. Che la morte non è nulla per noi e non ci riguarda. Che le paure del «dopo» derivano dall'immaginare il proprio cadavere come se fosse ancora vivo. Che dovremmo andarcene felici di aver vissuto, perché l'inferno è solo una trasposizione letteraria delle pene della ► vita. E che queste ultime derivano dal vivere stupidamente a occhi chiusi.

M o s è Ammesso che sia mai esistito, e che l' ► Antico Testamento contenga qualche barlume di ► verità storica, Mosè fu il liberatore degli ► Ebrei dalla schiavitù egiziana. Purtroppo per un condottiero, era balbuziente: per questo inventò il macchinoso schema di trasmissione secondo cui ► Dio appariva a Mosè, che balbettava a suo fratello Aronne, che parlava al Popolo Eletto, che spesso non ascoltava.

La fortuna di Mosè fu di avere dalla sua un Sommo Regista in grado di fornirgli una sequenza di effetti speciali da ► Hollywood, non a caso ripresi in innumerevoli produzioni cinematografiche e televisive. Anche se le dieci piaghe d'Egitto sembrano più che altro versioni romanzate di reali calamità che occorrevano all'epoca: compresa la pulizia etnica dello sterminio dei primogeniti egizi, ancor oggi celebrata come la ► Pasqua.

Sicuramente l'inventore del monoteismo non è Mosè, ma il faraone Akhenaton, padre del famoso Tutankhamon. Quanto ai Dieci Comandamenti, si ritrovano tutti letteralmente nel ► *Libro dei morti* egiziano, tra i 42 capi d'accusa del giudizio di Osiride. Sarebbero spunti divertenti per un esoterismo scherzoso alla Indiana Jones, se non fossero i supposti fondamenti "storici" di una ► religione che si presenta come "seria".

M o v i d a   Quando il generalissimo Francisco Franco morì, il 20 novembre 1975, la Spagna iniziò a risvegliarsi dall'incubo di una dittatura durata quarant'anni. Pochi anni dopo, il 9 febbraio 1980, un concerto al Politecnico di Madrid, trasmesso in diretta dalla radio e dalla ► televisione spagnole, inaugurò l'ubriacatura che prese il nome di *Movida madrileña*. I giovani si riappropriarono della notte che era stata loro sottratta dai coprifuoco e dai ► cani lupo dei ► poliziotti franchisti. E il loro entusiasmo contagiò rapidamente il resto della Spagna, alimentando una controcultura che coinvolse la musica, i graffiti, le riviste, i programmi e i locali pubblici.

Tutt'altra cosa, e solo una caricatura di quella, sembra invece essere la *movida* dei giovani (e meno giovani) borghesi dell'Europa di oggi. Lungi dal ricordare i tormentati oppressi che si risvegliavano da un incubo totalitario, essi appaiono come dei soddisfatti «giovin signori» che dormono un sonno consumistico, ► sprecando i pomeriggi e le serate al bar e le nottate in discoteca. Nel mondo reale la ► crisi impazza, ma sulla tolda del *Titanic* gli stupidi figli di papà bevono e ballano, ignari o incuranti dell'esistenza di altri giovani (e meno giovani) sottoccupati, disoccupati o ► immigrati.

Murphy (Edward) La famosa *legge di Murphy* risale a una relazione del 13 dicembre 1877 di Alfred Holt a un congresso di ingegneri civili, sul progresso della navigazione a vapore: «In mare tutto ciò che può andare storto lo farà, prima o poi, e non c'è da stupirsi che i proprietari preferiscano la sicurezza alla scientificità».

Il nome appare invece per la prima volta nel 1952, insieme a quello di «quarta legge della termodinamica», nella *Formazione di uno scienziato* di Anne Roe. E si riferisce al monito dell'ingegnere aerospaziale Edward Murphy, appunto, di tener sempre presente la peggiore eventualità nella progettazione dei missili.

Come si vede dalle formulazioni originali, la legge di Murphy è semplicemente una versione del sensato consiglio di tener presente nella pratica il caso peggiore che può succedere in teoria, per pararsi le spalle nell'eventualità che si presenti "prima o poi".

Le formulazioni moderne tendono invece a dimenticare questa clausola e a scivolare da una prudente potenzialità a una fatalistica attualità, enunciando la legge come «se qualcosa può accadere, lo farà». E a toccarsi le palle sperando che non accada "nel momento peggiore".

N

Natale   Molti sprovveduti credono, soltanto perché glielo raccontano, che ► Gesù sia nato il giorno di Natale. In realtà, e indipendentemente dal problema se egli sia mai esistito o no, il 25 dicembre è il giorno in cui gli antichi pagani celebravano la festa del Sole Invitto, *El Gabal*, importato dall'imperatore Eliogabalo nel 218 dalla Siria. Fu l'imperatore Aureliano a instaurarne il culto e a consacrarne il tempio il 25 dicembre 274, durante la festa del Natale del Sole.

La ricorrenza è legata al solstizio d'inverno, quando il Sole tocca il punto più basso del suo percorso, sembra fermarsi per tre giorni (da cui appunto il nome di *solstitium*, «fermata del Sole») e ricomincia la sua salita, in un succedersi di eventi che si può metaforicamente descrivere come «► morte, ► resurrezione il terzo giorno e ascesa al cielo».

Fu Giulio I, che regnò tra il 337 e il 352, a scegliere il 25 dicembre come Natale di Gesù, stabilendo un legame tra quest'ultimo e il Sole. Un legame testimoniato ancor oggi dal nome inglese di *Sunday* per il giorno del Signore, derivato dal *Dies Solis* stabilito nel 321 dall'imperatore Costantino come giorno del riposo romano. Tutte cose che i preti sanno benissimo ma tengono per sé, continuando a menare per il naso i fedeli.

Nazismo La volgare *vulgata* sul nazismo ci insegna che esso è stato l'incarnazione del Male, sconfitto dalle forze del Bene nel 1945. Ma Hannah Arendt ci ha aperto gli occhi su questo fenomeno di apparente aberrazione umana, smascherando *La banalità del male* (1963): i ► criminali nazisti non erano persone particolarmente malvagie o perverse, ma banali cittadini che obbedivano stupidamente all'autorità costituita.

E proprio *Obbedienza all'autorità* (1974) si intitola un saggio di Stanley Milgram, che tra il 1960 e il 1963 effettuò esperimenti su vari volontari e si accorse che erano quasi tutti disposti a infliggere sofferenze anche gravi a persone sconosciute, purché qualcuno gliel'ordinasse. Philip Zimbardo riportò risultati analoghi nel ► libro *L'effetto* ► *Lucifero: cattivi si diventa?* (1971), inscenato nel film *The Experiment* (2001). Questa volta bastava dividere i soggetti in «guardie» e «detenuti» per far sì che ciascuno introiettasse automaticamente il proprio ruolo.

I nazisti erano dunque *Uomini comuni* (1992), come appunto intitolò Christopher Browning il suo libro sulla soluzione finale in Polonia. E se non siamo nazisti anche noi, è solo perché nessun potere totalitario ci ha offerto l'occasione di obbedirgli stupidamente.

Negazionismo Il negazionista è per definizione chi nega l'evidenza, cioè una ► verità fattuale: se
la negazione è conscia il negazionista è un mentitore,
e altrimenti è uno stupido. In genere però la qualifica
di negazionista viene attribuita per estensione anche a
chi nega una verità condivisa in ► senso sociale, e non
fattuale: in tal caso il negazionista è solo un critico o un
dissidente.

In tempi recenti alcuni stati europei hanno introdotto
il reato di negazionismo, nel tentativo di stabilire per
legge alcune verità storiche. Ma si tratta di un'arma a
doppio taglio, che da un lato ricorda i tentativi di riscri-
vere la storia a proprio piacimento effettuati dai regimi
► totalitari. E dall'altro lato dimentica, o addirittura
non sa, che una verità degna di questo nome si impone
senza dover essere imposta.

Il fatto è che le uniche verità che si impongono da sé
sono quelle matematiche o scientifiche, le prime con assoluta certezza logica e le seconde con altissima probabilità sperimentale, e non certo quelle storiche, sempre
da prendere con le molle. L'unico reato di negazionismo
sensato dovrebbe dunque tutelare il teorema di Pitago-
ra o l'evoluzionismo di Darwin, e punire severamente la
stupidità dei loro negazionisti.

Nemico pubblico Negli anni '50 Claudio Villa cantava *Il pericolo numero uno* e lo identificava nella ► donna. Negli anni '70 molti statunitensi vedevano il pericolo numero uno in Richard Nixon, mentre lui lo additava in pubblico nel fricchettone Timothy Leary e in privato nel cantante John Lennon. Oggi in Occidente sono tutti d'accordo che il pericolo numero uno sia il ► terrorismo.

Dal pericolo al nemico il passo è breve, e gli Stati Uniti hanno snocciolato negli anni una lunga lista di bersagli da annientare militarmente, da soli o in compagnia. Per limitarsi agli ultimi decenni: Castro a Cuba, Ho Chi Minh in Vietnam, Khomeini in Iran, Gheddafi in Libia, Ortega in Nicaragua, Noriega a Panama, Saddam in Iraq, Milošević in Jugoslavia, Osama bin Laden in Afghanistan eccetera.

Viene il sospetto che il pericolo o il nemico numero uno siano semplicemente stupide ► paranoie che ci assillano momentaneamente, instillateci dall'alto per due scopi precisi. Primo, scatenare il redditizio *business* della ► guerra su obiettivi sempre freschi e nuovi. Secondo, dirottare l'attenzione dai veri pericoli e nemici dai quali dovremmo guardarci: le ► banche, le ► auto, il ► tabacco eccetera.

New Age È paradossale che il movimento chiamato *New Age*, cioè «Nuova Era», sia in realtà la ► riesumazione di antichissime ► cazzate, dissotterrate in seguito al *revival* di una ► superstizione: quella che gli antichi, soprattutto orientali, avessero già capito tutto, compresi i princìpi fondamentali della fisica moderna.

E di molteplice *revival* si tratta, perché già i Greci avevano considerato l'Egitto come culla del loro sapere scientifico. Il Rinascimento aveva trovato nel passato uno stimolo per costruire il futuro sulle macerie lasciate nel presente dai Secoli Bui. Newton aveva pensato che la *prisca sapientia* degli antichi contenesse anticipazioni della teoria della gravitazione. E Niels Bohr ed Erwin Schrödinger avevano guardato all'Oriente per trovare una ► metafisica adatta alla meccanica quantistica.

Il Tao della fisica di Fritjof Capra (1975) e *La danza dei maestri Wu Li* di Gary Zukav (1979) hanno popolarizzato queste idee, ma anche sdoganato stupidaggini di ogni genere. E dall'alchimia medievale di Carl Jung allo sciamanesimo mesoamericano di Carlos Castaneda, dalle civiltà ► extraterrestri di Graham Hancock ai film psichedelici di Alejandro Jodorowsky, la stupidità degli antichi è diventata cibo celeste per gli stupidi della modernità.

Norimberga Il processo di Norimberga ai ► criminali ► nazisti, tenuto dal 20 novembre 1945 al 1° ottobre 1946, costituisce uno dei cardini della visione ► politicamente corretta della storia del Novecento: quella scritta, come sempre, dai vincitori. Gli stessi che stabilirono le regole per il processo, lo celebrarono, emisero la sentenza senza appello e la eseguirono, in evidente «conflitto di interessi tra i ruoli di vittime, accusatori e giudici».

L'espressione è di Robert Taft, capogruppo repubblicano al Senato degli Stati Uniti, che dichiarò anche: «Su tutto il giudizio aleggiò lo spirito di vendetta, e la vendetta raramente è giustizia. L'impiccagione degli undici accusati rimarrà come una macchia sulla fedina penale americana, di cui ci rammaricheremo a lungo». Naturalmente fu accusato di ► negazionismo e si giocò la candidatura alla presidenza per il 1948.

Tra i pochi che lo difesero ci fu il democratico John Kennedy, che nei *Ritratti del coraggio* (1955) elogiò Taft come esempio di integrità e coraggio di fronte alla stupidità generalizzata: «La Costituzione era il fondamento del ► sistema legale e giuridico americano, e Taft fu disgustato dall'immagine del nostro paese, quando questo dismise i suoi precetti costituzionali».

Notai L'Italia longobarda e precarolingia detiene il ► dubbio onore dell'invenzione dei notai, che costituiscono una stupida anomalia della stupida ► burocrazia del nostro stupido paese: dunque, una stupidità al cubo. Quest'anomalia è dilagata nei secoli nei 76 paesi in cui vige il diritto latino, o qualche suo derivato: dunque, in meno della metà dei 193 paesi riconosciuti dalle Nazioni Unite.

La stupidità della figura notarile risiede ovviamente nel fatto che si tratta di un professionista privato che esercita una funzione pubblica. Nei paesi in cui il notaio non esiste, in particolare quelli in cui vige il diritto anglosassone, la stessa funzione viene invece efficacemente e gratuitamente esercitata da impiegati pubblici.

Poiché i notai potrebbero essere semplicemente aboliti, dovrebbero esserlo. Ma finché rimangono, anche le loro tariffe costituiscono una stupida anomalia: questa volta, del ► capitalismo. Fino a poco tempo fa, ad esempio, essi si facevano pagare non in base al lavoro che effettivamente compivano, ma in percentuale dell'ammontare complessivo di ciò che registravano: in altri campi questo si sarebbe chiamato estorcere una tangente e legalizzare una Tangentopoli, ma in questo diventava uno stupido "diritto notarile" da estorcere ai clienti.

Nucleare Più un argomento è complesso, più stupidaggini si dicono al proposito. Un tipico esempio sono le discussioni sul nucleare, che oppongono i tecnologi a oltranza agli ► ambientalisti irriducibili.

Il nucleare non è cattivo a prescindere. Anche l'energia solare è nucleare, e può essere sfruttata in maniera indiretta attraverso pannelli solari, o simulata in maniera diretta attraverso centrali nucleari a fusione. Neppure le centrali a fissione sono particolarmente pericolose: finora hanno avuto soltanto due incidenti molto gravi (Chernobyl nel 1986 e Fukushima nel 2011), uno grave (Majak nel 1957) e quattro meno gravi (tra cui Three Miles Island nel 1979), con un numero di vittime irrisorio rispetto a quelle provocate, ad esempio, dal ► tabacco o dalle ► auto.

Ma il nucleare non è neppure buono a prescindere. Il problema di uno stoccaggio sicuro delle scorie radioattive non è ancora stato risolto e il grande progetto di Yucca Mountain è fallito nel 2008, dopo vent'anni di lavoro e otto miliardi di dollari ► sprecati. Quanto al problema della sicurezza delle centrali, c'è cascato persino un paese tecnologicamente avanzato come il Giappone: figuriamoci uno retrogrado come il nostro, che non sa neppure smaltire i rifiuti urbani!

Numerologia La numerologia è la madre dell'aritmetica, e non l'ha ancora lasciata orfana. In origine furono i Pitagorici a indulgere nella stupida pratica di assegnare ai numeri significati esoterici, considerando ad esempio i pari «femminili» e i dispari «maschili». In seguito un padre della Chiesa come Agostino sostenne che la creazione fu un'impresa perfetta perché avvenne in sei giorni, giocando sul fatto che 6 è un numero «perfetto» in quanto somma dei propri divisori diversi da sé (1, 2 e 3).

Oggi i numeri più legati alla ► superstizione sono 13 e 17. Alcune compagnie aeree da strapazzo arrivano ad assegnare i numeri 14 e 18 alle file 13 e 17 negli aerei, e lo stesso fanno con i piani degli ascensori alcune nazioni indegne dell'umanità.

Il che fa venire in mente Gustav Mahler, che dopo aver scritto la sua *Nona sinfonia* (1910) temeva di cader vittima della maledizione dei compositori che aveva già colpito Beethoven e Schubert. Decise allora che i *Canti della terra* (1909), scritti in precedenza, fossero la sua *Decima sinfonia*. Ma naturalmente morì lo stesso, nel 1911, lasciando incompiuta la vera decima. Perché, come diceva Niels Bohr, «la superstizione funziona anche se uno non ci crede»: figuriamoci, poi, se uno ci crede.

O

OCSE   L'ocse, Organizzazione per la Cooperazione e lo Sviluppo Economico, raduna 34 paesi ad alto livello economico (misurato dal ► pil), con la sola eccezione di due a livello medio-alto: il Messico e la Turchia. Insieme a essi ne fanno parte quasi tutti gli stati europei, oltre a Svizzera, Israele, Stati Uniti, Canada, Cile, Giappone, Corea del Sud, Australia e Nuova Zelanda.

L'ocse monitora il livello di cultura degli stati membri, e nell'ultimo rapporto (pubblicato nel 2013) l'Italia è risultata *ultima* nelle competenze alfabetiche, linguistiche ed espressive necessarie per vivere e lavorare in quei paesi. E *penultima* in matematica. In particolare, in abilità fondamentali quali il leggere, lo scrivere e il far di conto gli italiani sono risultati più indietro del 10% rispetto alla media.

I punteggi sono stati classificati in sei diversi livelli di competenza, di cui il terzo è considerato il minimo indispensabile per vivere e lavorare nel XXI secolo. Ebbene, quasi un terzo degli italiani sta al primo livello, più di un terzo al secondo e meno di un terzo arriva al livello minimo o lo supera. D'altronde, due terzi degli italiani non leggono neppure *un* ► libro all'anno. Siamo solo ignoranti, o proprio stupidi?

Offerte e sconti La determinazione dei ► prezzi è l'anello debole della catena del ► capitalismo, e svela la propria debolezza nel meccanismo delle offerte e degli sconti, che sono ormai diventati parte integrante del mercato. Soprattutto nella forma dei saldi, che sono basati su un perverso meccanismo per il quale, ad esempio, i prezzi vengono raddoppiati per poterci poi effettuare uno sconto della metà che li riporti all'offerta originaria. Stupidamente, però, mentre nel prestito del denaro la legge protegge dall'usura di tassi troppo alti, nella compravendita dei prodotti i consumatori non sono protetti dai prezzi eccessivi, come quelli che precedono i saldi.

Ma è l'intero ► sistema delle offerte e degli sconti a dimostrare che, invece di basarsi su un'oculata determinazione oggettiva dei costi, la determinazione dei prezzi si affida a una stupida valutazione soggettiva dei desideri. A un estremo, ad esempio, lo sconto praticato al compratore nella vendita elettronica è molto inferiore al risparmio ottenuto dal venditore nell'aggirare i vari intermediari della catena di vendita convenzionale. E, all'altro estremo, il risparmio effettuato collezionando punti e bollini per ottenere un inutile regalo a buon mercato è quasi nullo economicamente, benché elevato psicologicamente.

OGM Sugli OGM (Organismi Geneticamente Modificati) si sono ormai sentite le stupidaggini più varie da parte di produttori, consumatori, ▸ politici e *media* disinformati. Eppure basterebbe leggere *L'origine delle specie* (1859) di Darwin per imparare che *tutti* gli organismi sono stati geneticamente modificati, tramite la selezione naturale o artificiale, dalla Natura o dall'uomo. L'unica differenza è che la prima procede in maniera cieca, casuale e lenta, e il secondo in maniera ▸ intelligente, mirata e veloce.

Questo è vero oggi per l'ingegneria genetica, ma era già vero ieri per l'agricoltura e l'allevamento. Anche il frumento che usiamo per il pane quotidiano è un OGM, ottenuto attraverso un incrocio artificiale del farro (a sua volta un incrocio) con un egilope, e ancora qualche secolo fa era alto un metro e mezzo: basta guardare *La mietitura* (1565) di Bruegel il Vecchio per accorgersene.

Chi dice di essere contrario agli OGM semplicemente non sa di cosa parla, e non è più anacronistico o meno fondamentalista di chi pretende di curarsi solo con le erbe. Sono stati gli OGM e i farmaci artificiali a permetterci di vivere ▸ meglio e più a lungo, e chi vi si oppone meriterebbe semplicemente di vivere meno e peggio.

Olimpiadi   Il barone Pierre de Coubertin diceva: «L'importante non è il trionfo, ma la competizione. L'essenziale non è aver vinto, ma essersi ben battuti». Più brevemente, anche se meno fedelmente: «L'importante non è vincere, è partecipare». Oggi però il suo motto è diventato anacronistico e le Olimpiadi testimoniano il fallimento dell'ispirazione di colui che le ha rifondate nei tempi moderni.

Fino a qualche decennio fa gli atleti professionisti erano banditi dalle competizioni e i dilettanti li consideravano con disdegno dei letterali "banditi". Oggi i dilettanti si sono estinti e i professionisti si sono trasformati in macchine da soldi. A loro volta le competizioni sono diventate una forma sofisticata di ► pubblicità, che solo gli stupidi e i mentitori continuano ad assimilare allo sport.

Da quando alle corone d'alloro e alle medaglie dorate si sono sostituiti i premi in denaro e gli stipendi d'oro, lo sport è stato contaminato da due piaghe: le ► droghe assunte da chi batte le piste e i campi sportivi, e le scommesse fatte da chi frequenta gli spalti. Chi ama lo sport dovrebbe boicottare tutto ciò che viene contrabbandato sotto questo nome, invece di fare stupidamente il ► tifo per la squadra o l'atleta del cuore.

Omeopatia Le ► religioni inventate da ► Mosè, ► Gesù e ► Maometto non detengono il monopolio delle stupidaggini, nemmeno nel campo della fede. Anche il vudù reclama la propria parte, ed è stato avversato persino dal cattolicesimo (da che pulpito!) con le accuse di ► superstizione e ► magia. Tra le stupidaggini vudù più note ci sono gli *zombie* e i ► riti magici effettuati sulle persone attraverso oggetti a loro appartenuti.

L'idea che ciò che è stato una volta in contatto con qualcosa ne mantiene l'essenza è diventata una ► scienziaggine nel 1988, quando l'immunologo Jacques Benveniste inventò la «memoria d'acqua», che permetterebbe all'acqua di mantenere il ricordo delle sostanze con le quali è venuta in contatto, anche se completamente diluite. La sua era solo una truffa, ma il Nobel per la medicina Montagnier (che crede alle ► apparizioni come ► Carrel) l'ha recentemente riproposta.

La «memoria d'acqua» è solo un goffo tentativo di rendere scientifica la ► scienziaggine dell'omeopatia, una sedicente «medicina alternativa» inventata nel 1810 da Samuel Hahnemann con l'intento di curare le malattie mediante soluzioni con principi attivi completamente dissolti. Ma la cura funziona, quando funziona, solo per l'effetto ► *placebo*.

Ora di religione Nel suo primo ► discorso al Parlamento del Regno d'Italia, il 17 marzo 1861, Camillo Cavour enunciò il motto della laicità moderna: «libera Chiesa in libero Stato». Nel 1923 la riforma fascista della ► scuola firmata da Giovanni Gentile, sodale di ► Croce, introdusse invece l' ► ora di ► religione obbligatoria nelle scuole elementari, poi estesa anche alle medie e alle superiori dal ► Concordato del 1929 firmato da Mussolini.

Dopo settant'anni di Repubblica l'ora di religione rimane saldamente in vigore in tutte le scuole italiane, benché non sia più obbligatoria dal 1984 in seguito alla revisione del Concordato. E gli insegnanti di religione rimangono un'agguerrita quinta colonna clericale nella scuola pubblica, arruolata dalla Chiesa ma pagata dallo Stato, e formata da truppe ignoranti (non è loro richiesta neppure la laurea) ma fedeli.

Nelle timide discussioni al proposito si arriva al massimo a proporre la riconversione dell'ora di religione cattolica in un'ora di storia delle religioni, come se la propaganda di molte stupidaggini fosse ► meglio della propaganda di una sola. Un primo passo avanti sarebbe chiamare almeno le cose con il loro nome e parlare appunto di "ora di stupidaggini", nell'inutile attesa che venga l'ora di un nuovo Risorgimento.

Oracoli   Sulla volta della Cappella Sistina sono raffigurati dodici veggenti, scelti tra i profeti dell' ▶ Antico Testamento e le sibille della tradizione greco-romana. La più famosa di queste ultime era la Sibilla Delfica, cioè la Pizia del tempio di Apollo a Delfi, che vaticinava nel modo ricordato da ▶ Dante: «Così la neve al sol si disigilla, così al vento ne le foglie levi si perdea la sentenza di Sibilla».

In origine l'oracolo era una vergine, reclusa nel tempio e consacrata al ▶ dio: cioè, una suora di clausura. Si esibiva seduta su un tripode posto su una spaccatura del terreno e ne inalava le esalazioni, masticando foglie e bevendo intrugli. Come tutte le profezie i suoi responsi erano stupidaggini vaghe e oscure, nobilitate dall'idea che «chi parla attraverso l'oracolo non dice, né nasconde, ma accenna».

Recenti scoperte hanno confermato che il tempio di Delfi è situato all'incrocio di due falde sotterranee, da cui scaturiscono vapori di gas naturali contenenti tracce di anidride carbonica e metano, in grado di intossicare e indurre la *trance*. La Pizia era dunque drogata artificialmente, ma a molti di coloro che vaticinano in maniera oracolare, da ▶ Hegel ai pastorelli di ▶ Fatima, basta la ▶ droga naturale della stupidità.

Orologi   Nelle *Confessioni* Agostino dice: «Cos'è dunque il tempo? Se nessuno m'interroga, lo so. Ma se volessi spiegarlo a chi m'interroga, non lo so». Questa frase piace molto ai filosofi e ai giornalisti, ma rivela la propria stupidità non appena viene ripetuta da uno studente poco brillante a un ► esame. Per fortuna Albert Einstein, che era un po' più furbo di Agostino, ci ha insegnato che il tempo è ciò che misurano gli orologi.

Naturalmente, orologi diversi misurano tempi diversi. Ad esempio, la vibrazione di un atomo di cesio scandisce un tempo atomico, l'oscillazione di un cristallo di quarzo un tempo elettronico, l'oscillazione di un pendolo un tempo meccanico, la rotazione giornaliera della Terra un tempo astronomico, la sua rivoluzione annuale un tempo solare, l'espansione dell' ► universo un tempo cosmologico eccetera.

È dunque stupido parlare di «tempo», al singolare. Ed è stupido anche sostituire gli orologi fisiologici sviluppati dagli animali in miliardi di anni di evoluzione, che sono tarati sui ritmi giornalieri e stagionali della ► vita, con gli orologi meccanici o elettronici, che a partire dal Seicento la scandiscono su ritmi innaturali e ci impediscono di «mangiare quando si ha fame e dormire quando si ha sonno», come fanno i saggi.

Oroscopi Più che persone civilizzate che usano strumenti tecnologici, siamo selvaggi che si appendono le sveglie al collo. E non ci sono migliori dimostrazioni di questa nostra schizofrenia dell'ubiqua diffusione degli oroscopi nei *media*, e dell'attenzione che milioni di persone dedicano a queste stupidaggini.

Le costellazioni non esistono in Natura: sono solo costruzioni immaginarie dell'uomo, analoghe alle figure che si "vedono" nelle macchie sui muri o nelle nuvole del cielo. La scelta delle costellazioni da privilegiare è convenzionale: in Oriente ci si concentra su quelle polari, in Occidente su quelle equatoriali. Queste ultime sarebbero in realtà 13, ma per ridurle a 12 si rimuove Ofiuco, o Serpentario. E a ciascun segno dello Zodiaco si assegna il periodo di un mese, benché il tempo in cui il Sole sta in ciascuno vari da 15 a 45 giorni.

Infine, gli asini cascano di fronte alla precessione degli equinozi. Ogni duemila anni circa l'asse terrestre si sposta di un segno: ad esempio, quelli che erano i Pesci al tempo di Cristo sono diventati l'Acquario ai nostri, come ha invano cercato di divulgare il musical *Hair* (1967). Che valore possono dunque avere gli oroscopi, a parte dimostrare la furbizia degli oroscopanti e la stupidità degli oroscopati?

Ostia sanguinante   Nel 1512 Raffaello dipinse la *Messa di Bolsena* nella Stanza di Eliodoro in Vaticano, in ricordo di un famoso ► miracolo di sangue avvenuto nel 1263. Mentre un prete che aveva ► dubbi sul recente ► dogma della ► transustanziazione diceva messa a Bolsena, l'ostia avrebbe preso a sanguinare, con un prodigio ancor oggi ricordato nella festa del *Corpus Domini*, istituita l'anno dopo da Urbano IV.

La spiegazione di questo fenomeno si conosce fin dal 1823, quando Bartolomeo Bizio identificò il batterio *Serratia marcescens*. Quest'ultimo, in periodi caldi e in luoghi umidi, produce su pani, focacce e dolci un pigmento rosso e gelatinoso, appropriatamente chiamato «*prodigiosina*», che gli ingenui possono scambiare per sangue.

Il caso in questione è paradigmatico di ciò che spesso succede nei cosiddetti miracoli. Dapprima avviene un fatto vero, apparentemente inspiegabile, per il quale si invoca una generica spiegazione soprannaturale che non spiega niente in dettaglio, ma permette alla macchina ► pubblicitaria della Chiesa di scatenarsi. In seguito, e a volte molto tempo dopo, si scopre una specifica spiegazione naturale che chiarisce esattamente cos'è successo, e getta il ridicolo sulla Chiesa e sui fedeli, che continuano imperterriti a festeggiare il *Corpus Domini*.

P

P a d r e P i o Francesco Forgione, in arte Padre Pio, è famoso nel mondo per le sue stimmate. Sicuramente erano miracolose quelle «►invisibili» che egli dichiarò di aver avuto per cinque anni, prima di ricevere quelle visibili. Queste ultime suscitarono invece le perplessità dei periti del Sant'Uffizio che poterono esaminarle da vicino, e l'entusiasmo dei fedeli che non poterono mai vederle nemmeno da lontano.

Che fossero una stupidaggine è confermato dal fatto che il frate se le procurava con l'acido fenico e la tintura di iodio (un disinfettante color russo-bruno che usato in eccesso irrita e corrode), e che sparirono dal cadavere dopo la ►morte. In ogni caso fu diagnosticato come «un isterico e uno psicopatico» da padre Agostino Gemelli, che lo visitò: cosa peraltro evidente dal fatto che il frate pretendeva di fare ►miracoli.

Per alcuni ►papi, da Pio XI a Giovanni XXIII, Padre Pio era un ►ciarlatano. Per altri, da Giovanni Paolo II a ►Francesco, un santo. Quest'ultimo l'ha pure costretto a una stupidaggine postuma, facendo sfilare il carro con il suo cadavere nel gran carnevale simoniaco del Giubileo del 2016. È stato più stupido il pubblico a farsi convocare, o il papa a convocarlo? Le due cose non si escludono, e anzi si confermano a vicenda.

Papa In base alla propria Legge Fondamentale, lo Stato della Città del Vaticano è una monarchia assoluta (elettiva). Cioè, un anacronismo storico di cui esistono ormai pochissimi esempi al mondo: solo l'Arabia Saudita, gli Emirati Arabi Uniti, l'Oman e il Qatar nella penisola arabica, il Brunei nel Borneo e lo Swaziland nell'Africa del Sud.

Se papa ► Francesco fosse il rivoluzionario che gli ingenui credono che sia, potrebbe provare a sostituire la monarchia assoluta con una monarchia costituzionale parlamentare basata sul Sinodo dei Vescovi, sulla falsariga della Rivoluzione Inglese del 1660. Ma niente di tanto rivoluzionario è mai stato proposto: nemmeno dal Concilio Vaticano II, che pure sarebbe stato il posto giusto al momento giusto.

Ancora più impensabile è una rivoluzione ► teologica da parte del papa. Da bravo ► gesuita, Francesco evita accuratamente di parlare dei ► dogmi che definiscono la fede cattolica e ne costituiscono la vergogna e l'imbarazzo. Le sue timide aperture su aspetti marginali, quali la comunione ai divorziati o il diaconato femminile, non sono che tardive pezze messe alla barca di Pietro che fa acqua da tutte le parti, e dalla quale i fedeli meno stupidi scappano come topi prima che affondi.

Paranoia   Influenzato dal *Caso clinico del presidente Schreber* (1910) di Sigmund Freud, Philip Dick inventò storie di persone apparentemente paranoiche, che sono le uniche a conoscere la realtà che tutti ignorano. Nel romanzo *Tempo dislocato* (1959), da cui fu tratto il film *The Truman Show* (1998), esplorò invece la possibilità contraria, in cui tutti sanno ma cospirano affinché il protagonista sia l'unico a non conoscere la realtà.

I medici dicono che è difficile distinguere la paranoia di chi ha paure infondate dall'allerta di chi ne ha di fondate. Ma a volte è solo pura stupidità, come quando il 23 luglio 2009 il cantante Bob Dylan fu arrestato nel New Jersey perché si era fermato a guardare una casa in vendita mentre passeggiava sotto la pioggia, e la polizia era stata avvisata da un cretino paranoico della presenza di un «sospetto eccentrico».

Ancora più stupidamente, il 6 maggio 2016 l'economista Guido Menzio è stato prelevato da un aereo in partenza da Filadelfia dai ► poliziotti allertati da una passeggera, insospettita da uno straniero che scriveva strani simboli e rifiutava di chiacchierare. Il professore stava semplicemente studiando un'equazione, ma per sua sfortuna era capitato a fianco di un'idiota in un paese reso paranoico dalla paura del ► terrorismo.

Paranormale Il paranormale è la ▸ metafisica degli stupidi ignoranti, così come la metafisica è il paranormale degli stupidi colti. Gli uni e gli altri abbandonano il mondo reale e normale, con tutti i veri misteri scientifici che ci circondano, e si addentrano in un mondo irreale e anomalo, con tutte le false mistificazioni infantili che li ossessionano: la parapsicologia, la telepatia, la chiaroveggenza, la precognizione, la telecinesi, e chi più ne ha più ne metta.

Il metodo per decostruire il paranormale è semplice: un accurato e scientifico esame delle fonti, che rivela invariabilmente come dietro ai racconti di ▸ miracoli, prodezze e misteri si nascondano imprecisioni, errori, ▸ esagerazioni, millantazioni, invenzioni e truffe che trasformano l'innocuo e il quotidiano nello straordinario e nell'eccezionale.

Ad applicare questo metodo si dedicano assiduamente i membri del CICAP (Comitato Italiano per il Controllo delle Affermazioni sul Paranormale), fondato da Piero Angela e presieduto da Massimo Polidoro, al quale hanno aderito personalità quali Umberto ▸ Eco e Margherita Hack, e che svolge da un quarto di secolo una meritoria opera di alfabetizzazione razionale in un mondo e in un'epoca di stupidità irrazionale.

Pascal **(Blaise)**   Nel 1639, a sedici anni, Blaise Pascal scrisse un breve *Saggio sulle coniche*, nel quale dimostrò un teorema meraviglioso: «Se un esagono è inscritto in un'ellisse, allora le tre intersezioni dei lati opposti stanno su una stessa retta». Nel 1654, a trentun anni, Pascal scrisse un breve *Memoriale*, nel quale annotò frasi sconclusionate: «Fuoco. ▶ Dio di ▶ Abramo, Dio di Isacco, Dio di Giacobbe, non dei filosofi e dei sapienti. Certezza. Certezza. Sentimento. Gioia. Pace. Dio di ▶ Gesù Cristo. *Deum meum et Deum vestrum*» eccetera.

Come ▶ Tolstoj, anche Pascal non era stupido ma lo è diventato. E nel suo caso sappiamo precisamente quando: in un grave incidente in carrozza sul ponte di Neuilly, nel quale aveva letteralmente battuto la testa. In seguito soffrì per tutta la ▶ vita di forti emicranie. E quando morì nel 1662, a trentanove anni, l'autopsia rivelò evidenti lesioni cerebrali.

Comunque sia andata, dopo il 1654 Pascal entrò nei Solitari dell'Abbazia di Port Royal, dove già stava anche la sorella. Oggi lo si ricorda quasi soltanto per i confusi *Pensieri* postumi (1669) nei quali ▶ sprecò il suo talento, ma in gioventù aveva fatto vedere di cosa sarebbe stato capace, se fosse stato risparmiato dalla conversione alla stupidità.

Pasqua Come tutti sanno, i cristiani festeggiano la ricorrenza della nascita e della ▸ resurrezione di ▸ Gesù nei giorni di ▸ Natale e di Pasqua. Il primo cade il 25 dicembre, ma la seconda è mobile e cambia ogni anno. Il motivo è che per il Natale si adotta un calendario solare di 12 mesi di 30 o 31 giorni, eccetto uno di 28 o 29. Ma per la Pasqua un calendario lunare di 12 mesi, alternativamente di 29 e 30 giorni.

L'anno lunare di 354 giorni è sfasato rispetto all'anno solare di 365 o 366 giorni. Una festa come il Ramadan, fissa nel calendario lunare islamico, col passare degli anni finisce dunque col cadere in stagioni variabili del calendario solare. Per evitare il problema, il calendario lunare ebraico a volte consiste di 12 mesi lunari, e altre volte di 13.

Il Concilio di Nicea ha stabilito nel 325 che la Pasqua cristiana dovesse cadere la prima domenica dopo il plenilunio successivo all'equinozio di primavera: in questo secolo, tra il 22 marzo e il 25 aprile. Ovviamente, tutto questo non ha nulla a che vedere con il giorno dell'anno solare in cui Gesù sarebbe risorto. E, soprattutto, non dovrebbe avere nulla a che vedere con noi oggi, se non fossimo così stupidi da rimanere ancorati all' ▸ astrologia mediorientale di duemila anni fa.

Petrolio Il petrolio è una fonte di energia non rinnovabile e limitata: quando sarà finito, sarà finita, direbbe ► Yogi Berra. Ciò nonostante, oggi al mondo se ne consumano 160.000 litri al secondo! E benché possa servire per produrre le cose più disparate, dalle fibre tessili ai disinfettanti, se ne ► spreca stupidamente una buona parte in benzina per il miliardo di ► automobili circolanti sul pianeta.

L' ► inefficienza delle auto è proverbiale: dell'energia liberata dalla combustione solo il 13% si trasforma in trazione, e il resto si disperde in calore e ► rumore. Anche i costi sono proibitivi: a parte l'inquinamento, in Italia 3.500 persone muoiono ogni anno in incidenti stradali, e durante la propria vita ciascuno di noi spende in media 300.000 euro per l'auto, nella quale trascorre sette anni del proprio tempo.

Il petrolio sta comunque ormai per esaurirsi: nonostante la propaganda delle compagnie petrolifere, entro qualche anno la domanda supererà l'offerta e ci si comincerà a scannare per accaparrarselo, soprattutto con la Cina. Per questo gli Stati Uniti e i loro alleati hanno già occupato militarmente i pozzi dell'Iraq e minacciano quelli dell'Iran e della Siria, con lo stupido e falso pretesto della ► guerra al ► terrorismo.

P IL   Il PIL, o Prodotto Interno Lordo, è il feticcio dell'economia mondiale. Quasi tutti gli stati nazionali misurano infatti il loro benessere appunto in base a quanto producono, e considerano una disdetta non riuscire ad aumentare la produzione di anno in anno. Ma ci sono nazioni come il Bhutan che preferiscono invece preoccuparsi della FIL, o Felicità Interna Lorda, anche se la cosa può suonare stupida alle orecchie dei furbetti.

Ma un premio Nobel per l'economia come Amartya Sen ha da tempo mostrato che è il PIL a essere un indice di sviluppo non solo stupido, ma anche immorale. Infatti tiene conto soltanto dell'unica variabile che interessa ai mercati e ai mercanti, e non delle molte altre variabili che interessano ai cittadini, e dovrebbero interessare anche agli stati degni di questo nome.

Ad esempio, al PIL contribuiscono fattori negativi come la produzione e il commercio del ► tabacco, l'edilizia e l'urbanizzazione selvaggia, il ► turismo di massa e l'inquinamento della ► pubblicità. Tutte cose che il Bhutan ha proibito, il che gli ha permesso di mantenere la propria identità culturale e di preservarsi come un paradiso terrestre nell'inferno della globalizzazione. Siamo proprio sicuri di chi sia stupido e chi no?

Pipistrelli   Una delle forme in cui la stupidità si manifesta è l'incapacità di porsi nei panni degli altri, per poter giudicare dal loro punto di vista ciò che essi dicono o fanno. Naturalmente non è facile riuscirci, come non lo è in generale non comportarsi da stupidi, anche per coloro che non lo sono. Ma se è già difficile porsi nei panni di altri esseri umani, ad esempio dei ▶ ciechi, immaginiamo mettersi nella pelle degli animali.

Nel 1974 il filosofo Thomas Nagel si è domandato: *Cosa si prova a essere un pipistrello?* La domanda riguarda, da un lato, cosa proviamo noi a essere noi, o i pipistrelli a essere pipistrelli, e dall'altro lato, cosa proviamo noi a essere pipistrelli, o i pipistrelli a essere noi. Una distinzione analoga ricorre nel teorema di Thomas Bayes, pubblicato nel 1763 in un *Saggio verso la soluzione di un problema di teoria delle probabilità*.

Il teorema si basa sulla distinzione fra due tipi di credenze: quelle assolute, su certi eventi che possono accadere, e quelle relative, su certi eventi che possono accadere dopo che ne sono già accaduti certi altri. Nei termini del problema di Nagel, la soluzione è che sapere cosa proviamo noi a essere pipistrelli, sapendo cosa siamo noi, è uguale a sapere cosa provano i pipistrelli a essere noi, sapendo cosa sono loro.

Placebo   Il *Salmo 114* termina con il verso *Placebo Domino in regione vivorum*, «Piacerò al Signore nella terra dei vivi». Ancor oggi viene usato nella liturgia dei defunti, che in passato era seguita da una distribuzione di cibo e bevande ai partecipanti. *Placebo* passò così a indicare coloro che si intrufolavano nei ▶ funerali per partecipare di straforo al banchetto finale, ed entravano in azione appunto al segnale di quel verso.

Oggi *placebo* indica invece coloro che si "intrufolano" nella sperimentazione di un farmaco, ricevendo ignari al suo posto un innocuo preparato, che viene anch'esso chiamato *placebo*. Nelle malattie reali ovviamente un *placebo* non ha nessun effetto, ma in quelle immaginarie può provocare un miglioramento o una guarigione, sulla base della falsa assunzione che sia stato somministrato un vero farmaco.

Molte guarigioni miracolose attribuite a ▶ superstizioni quali i ▶ miracoli sono solo esempi dell'effetto *placebo*. E lo stesso vale per ▶ scienziaggini quali l' ▶ omeopatia, i cui innocui rimedi vengono stupidamente presentati come efficaci, e altrettanto stupidamente a volte funzionano, per l'ovvio motivo che chi ha stupidamente deciso di ritenersi malato può furbescamente cambiare idea e decidere di guarire.

Platone   Per la seconda legge della termodinamica, il mondo va di male in peggio: dunque, è normale che ci siano persone, come ▶ Pascal o ▶ Tolstoj, che non erano stupide ma sono rimbambite. Ed è inusuale invece che ci siano persone, come Platone, che erano stupide ma sono rinsavite.

Il Platone stupido è quello del *Parmenide*, ancora in preda alla ▶ metafisica insegnatagli dai due cattivi maestri della filosofia occidentale. Il primo è Parmenide, con i suoi vuoti ▶ discorsi sull'Essere assoluto e la sua conseguente pretesa di poter dire che « ▶ qualcosa è». E il secondo è Socrate, con i suoi altrettanto vuoti discorsi su valori quali *Il Bello, il Giusto e il Buono*, in una specie di parodia preventiva del western filosofico all'italiana.

Il Platone rinsavito è quello del *Sofista*, che si libera di Parmenide con un «parricidio» e trova un vero e proprio uovo di Colombo: cioè, che non ha ▶ senso dire che «qualcosa è», in assoluto, ma soltanto che «qualcosa è questo o quello», in relativo. In particolare, esistono molti esseri ma nessun Essere, ed esistono molti belli, giusti o buoni ma nessun Bello, Giusto o Buono. Oggi sono banalità, ma i metafisici non le hanno ancora capite e rimangono fermi alla Stupidaggine, con la maiuscola.

Poligamia   In una specie come la nostra, con un sostanziale equilibrio tra maschi e femmine, ogni uomo con molte mogli produce uno squilibrio di altrettanti uomini senza alcuna moglie. Per questo e per altri motivi la ► monogamia è diventata ► politicamente corretta in molti paesi, compreso il nostro, nei quali bisogna fingere stupidamente che la poligamia non venga comunque praticata in forme surrettizie.

La prima è il ► divorzio, che Samuel Johnson ha ► intelligentemente definito «il trionfo della speranza sull'esperienza», e che costituisce una sorta di poligamia seriale legalizzata a fronte dell'illegalità di una poligamia parallela. La seconda è l' ► adulterio, che ► Gesù ha stupidamente esteso a «ogni sguardo di desiderio verso una ► donna», e che costituisce una sorta di poligamia sostanziale a fronte di una monogamia apparente.

Palese o surrettizia che sia, la poligamia ha le sue ragioni. Prima fra tutte il fatto che noi copuliamo anche in periodi non fecondi e in privato, diversamente da quasi tutti i mammiferi. Lo "scopo" principale del sesso umano non è dunque la riproduzione, nonostante ciò che pensano gli stupidi, ma è semmai da cercare nella coesione di rapporti che esso instaura fra i *partners*, permanenti o temporanei che siano.

Politicamente corretto *La macchia umana* (2000) di Philip Roth descrive «un'orgia colossale di bacchettoneria», in cui «i cialtroni tronfi e morigerati, smaniosi di incolpare, deplorare e punire, fanno i moralisti a più non posso, tutti in un parossismo calcolato di quello che Hawthorne identificò come lo spirito di persecuzione». Spirito che oggi si incarna nell'ipocrita conformismo del «politicamente corretto».

In particolare si vorrebbe obbligare la gente a non chiamare le cose con il loro nome, perché qualcuno (che di solito avanza appunto la pretesa) potrebbe offendersi. In origine poteva aver ▶ senso, per evitare termini diventati denigratori come «negro» o «sciancato». Oltre un certo limite diventa soltanto stupido: ad esempio, quando si arriva a usare termini ridicoli quali «diversamente colorato» o «non ben deambulante».

Il record di stupidità *politically correct* si è raggiunto negli anni '70, quando le femministe statunitensi ebbero da ridire sul termine *history*: secondo loro il prefisso *his* sottolinea che la storia (femminile in italiano!) è scritta da una prospettiva maschile, e andrebbe quindi riscritta in prospettiva femminile e chiamata *herstory* («storio» in italiano?). Non sarà politicamente corretto dirlo, ma più stupide di così si muore.

Politici   Diceva Napoleone che in politica la stupidità non è un *handicap*. Il motivo è che i politici devono piacere alla gente, che è in massima parte stupida: dunque, un politico non stupido è costretto a fingere di esserlo. Ma poiché, a meno che uno non sia un grande attore, recitare è sempre meno convincente che agire naturalmente, in politica è semmai un *handicap* non essere stupidi.

La stupidità del politico si manifesta banalmente nel dire e nel fare cose stupide. Ma si sublima in quello che viene definito il «politichese»: cioè, l'arte di parlare senza dire niente. L'esempio tipico sono le «convergenze parallele» di Aldo Moro, che per quanto ne sapeva lui erano appunto una vuota stupidaggine, anche se la «geometrica potenza» di Bolyai e Lobachevskij avrebbe reso loro piena giustizia.

Winston Churchill diceva che il miglior argomento contro la ▶ democrazia sono cinque minuti di conversazione con un politico o un elettore, proprio a causa della loro stupidità. Bertrand Russell precisava che gli eletti non possono mai essere più stupidi dei loro elettori. E George Bernard ▶ Shaw concludeva che l'avvento della democrazia aveva sostituito la nomina di pochi corrotti con l'elezione di molti ▶ incompetenti.

Poliziotti Dagli Stati Uniti all'Italia i poliziotti si comportano spesso come se fossero sceriffi del Far West, con la licenza di freddare sul posto i sospetti o torturare fino alla ► morte i detenuti, incuranti del fatto di essere in teoria i custodi e i tutori della legge in uno Stato di diritto, mentre in pratica le istituzioni spesso non solo li coprono, ma li istigano ad agire al di fuori e al di sopra delle regole.

La stupidità delle nostre "forze dell'ordine" e della nostra "giustizia" è testimoniata da una lunga lista di assassinati innocenti e assassini ignoti. Carlo Giuliani, ucciso il 20 luglio 2001 a Genova durante le manifestazioni contro il G8 da un carabiniere, assolto per legittima difesa. Federico Aldrovandi, pestato a morte per la strada il 25 settembre 2005 a Bologna da quattro poliziotti, condannati a pene risibili tra le proteste dei colleghi. Stefano Cucchi, epilettico e denutrito, massacrato in carcere tra il 15 e il 22 ottobre 2009 a Roma da sei guardie penitenziarie e infermieri, tutti assolti per non aver commesso il fatto. Michele Ferrulli, manovale morto steso a terra per infarto il 30 giugno 2011 a Milano mentre quattro poliziotti effettuavano su di lui una «manovra di contenimento», secondo la sentenza assolutoria. E tanti, troppi altri, stupidamente dimenticati.

Prezzi Poiché l'economia si riduce in ultima analisi alla compravendita di beni, il suo problema basilare sta nel determinarne i prezzi, e per farlo ci sono due metodi diversi. Il primo, oggettivo e tecnologico, consiste nel calcolare i costi sostenuti e il lavoro compiuto nella produzione del bene. Il secondo, soggettivo e psicologico, consiste invece nel cercare un equilibrio tra quanto vuole il produttore e quanto è disposto a dare il compratore.

I due metodi sono più complementari che contrapposti. Senza tener conto del secondo, infatti, si rischia di congelare l'economia reale in uno stallo tra domande troppo alte dei produttori e offerte troppo basse dei compratori. Senza tener conto del primo, invece, si alimenta un'economia virtuale nella quale i prezzi sono svincolati dai costi, e portano a bolle speculative che prima o poi scoppiano in ► crisi devastanti.

Oggi il primo metodo, adottato fino all'avvento del ► capitalismo, è stato stupidamente rimosso. La legge della domanda e dell'offerta viene presentata come un fatto naturale e ineluttabile, benché sia un'opinione culturale e discutibile. E la creazione di desideri indotti dalla ► pubblicità ha prodotto uno stupido mercato in cui un bene inutile non costa il poco che vale per chi lo compra, ma il molto che vuole chi lo vende.

Principio Antropico Il Principio Antropico è una delle più sopravvalutate ► scienziaggini. In breve, partendo dalla considerazione che la ► vita c'è perché l' ► universo è fatto così "deduce" che l'universo è fatto così perché la vita ci sia. Per dirla più esplicitamente, "► qualcuno" deve aver scelto i valori delle costanti fondamentali proprio per renderci la vita possibile.

La fallacia logica è tanto evidente, da avere persino un nome: si chiama *post hoc, ergo propter hoc*, ovvero «dopo, dunque a causa». Si tratta, cioè, dell'errore di credere che poiché due eventi si presentano in successione temporale, allora sono collegati causalmente. Hume sosteneva addirittura che la nozione stessa di causalità non è altro che questo errore deduttivo elevato a principio induttivo.

Naturalmente, il motivo per cui un errore tanto evidente ha ricevuto tanta attenzione è che il Principio Antropico fa rientrare dalla finestra ciò che la scienza aveva fatto uscire dalla porta: cioè, quel ► Dio del quale Laplace aveva asserito l'inutilità come ipotesi scientifica l'8 agosto 1802, quando Napoleone gli aveva domandato come mai non ne avesse mai fatto menzione nella sua esposizione del sistema del mondo. D'altronde si sa che i ► matti credono di essere Napoleone, non Laplace.

Psicanalisi   Vladimir Nabokov, che dopo aver pubblicato *Lolita* (1955) era stato oggetto di perverse attenzioni da parte degli psicanalisti, diceva che «la psicanalisi è una cura volgare che consiste nello spalmarsi miti greci sulle parti intime». E considerava Sigmund Freud uno «stregone viennese» che praticava una forma moderna di «terapia vudù», pur riconoscendogli «grandi doti come autore comico».

Effettivamente leggere *L'interpretazione dei sogni* (1899) fa un po' ridere: a partire dalla balzana idea che, poiché quasi tutte le cose al mondo sono concave o convesse, il contenuto latente di ciò che sogniamo è quasi sempre un pene o una vagina (o entrambi, se la cosa è un bicchiere o un vaso). Per non parlare di quella riedizione moderna dell'idea ► metafisica di ► anima che è l'invenzione dell'inconscio.

In realtà la psicanalisi è solo una ► scienziaggine che, come ha notato Rudolf Carnap, ha il comodo vantaggio di non poter essere falsificabile da nessuno. E che, come ha decretato Jacques Lacan, ha l'altrettanto comodo vantaggio di poter essere praticata da chiunque: persino da ► ciarlatani come Armando Verdiglione. Ma anche quando uno psicanalista non è un furbo diplomato, rimane comunque uno stupido patentato.

Pubblicità   La pubblicità è un capovolgimento dell'idea di commercio, che non a caso gli umoristi hanno stigmatizzato capovolgendo a loro volta alcuni luoghi comuni. Ad esempio, Ennio Flaiano diceva che «la pubblicità unisce l'inutile al dilettevole». E Marcello Marchesi che «è il commercio dell' ► anima».

Tragica, più che comica, è invece l'osservazione di Marshall McLuhan negli *Strumenti del comunicare* (1964): la pubblicità è ormai diventata il vero prodotto, e lo scopo del commercio non è più produrre dei beni, ma pubblicizzarli. Un'inversione anticipata in letteratura da Jorge Luis Borges, che invece di scrivere ► libri si limitava a recensirli: infatti, le recensioni non sono altro che la pubblicità dei libri.

In quanto immagine ► verosimile ma falsa di un prodotto reale, la pubblicità è una forma di stupidità ► metafisica. Ma diventa una stupidità fisica quando invade le nostre ► vite intasando le buche delle lettere, deturpando muri e ► giornali, interrompendo i programmi in ► televisione e invadendo la rete. Al suo confronto la propaganda ► totalitarista era uno scherzo, e non a caso è stato Orwell a dire disgustato: «La pubblicità è il ► rumore che fa un bastone rimestando in un secchio di rifiuti».

Q

Quadratura   Il 5 febbraio 1897 la Camera dei Rappresentanti dell'Indiana passò all'unanimità una legge che, dietro indicazione di un medico di nome Edwin Goodman che sosteneva di aver quadrato il cerchio, stabiliva che il valore corretto di pi greco è 3. Fortunatamente la settimana dopo qualcuno nel Senato dell'Indiana si accorse dell'assurdità della cosa, e la legge fu archiviata prima di essere approvata definitivamente.

L'episodio è un caso esemplare di stupidità diffusa, dal medico improvvisatosi ricercatore ai deputati digiuni di matematica. Ma i "quadratori del cerchio" ammontano a una legione, comprendente anche il famoso cardinale Nicola Cusano e parzialmente enumerata da Raymond Queneau in *Figli del limo* (1938): un ► libro dedicato ad abbozzare una vera e propria «enciclopedia delle scienze inesatte».

Il suo progetto è stato realizzato da Paolo Albani e Paolo Della Bella in *Forse Queneau* (1999), dove si enumerano le legioni che unite alla precedente formano un esercito non solo di solutori di problemi dimostrabilmente insolubili, come appunto la quadratura del cerchio, ma anche di sviluppatori di scienze impossibili, improbabili o anomale, a dimostrazione dell'enorme varietà della stupidità pseudoscientifica.

Qualcosismo Le classifiche delle ► religioni danno attualmente in testa il cristianesimo con qualcosa più di due miliardi di fedeli, dei quali più di un miliardo di cattolici e circa mezzo miliardo di protestanti. A ruota segue l'islam, con un miliardo e mezzo di seguaci. Più staccato l'induismo, fermo a circa un miliardo di adepti: più o meno lo stesso numero degli atei. Nettamente meno gettonati sono invece il buddhismo, il taoismo e l'animismo.

Queste classifiche sono però falsate da vari fattori. Anzitutto, le cifre ufficiali diffuse dalle varie religioni sono spesso fittizie. E poi, le dichiarazioni di appartenenza dei vari fedeli sono altrettanto spesso fasulle: prime fra tutte quelle relative al cattolicesimo, per appartenere al quale è necessario accettare una valanga di ► dogmi dei quali i fedeli non hanno in genere la minima idea.

Basandosi sulle reali testimonianze dei fedeli, la religione di gran lunga più popolare e diffusa sembra essere uno stupido *qualcosismo*, basato sulla vaga e incerta credenza che «qualcosa c'è», «qualcosa ci dev'essere», o «qualcosa ci sarà». Anche se spesso quel «qualcosa» viene identificato con un «qualcuno», nel qual caso si passa alla non meno stupida, ma altrettanto vaga e incerta, credenza del *qualcunismo*.

Qualunquismo Nel 1944 il commediografo Guglielmo Giannini fondò il Fronte dell'Uomo Qualunque, con dichiarati intenti antipolitici: cioè, antistupidi, visto che i ► politici sono esemplari da laboratorio della stupidità. Il movimento si rivolgeva «all'uomo qualunque, stufo di tutti, il cui solo, ardente desiderio è che nessuno gli rompa le scatole», e il suo simbolo era un uomo schiacciato da un torchio che simboleggiava la politica.

Nel 1946 però il movimento divenne un partito, incarnando il paradosso dell'antipolitica che diventa politica e pretende di superare le contraddizioni alla maniera di ► Hegel: diventando cioè, stupidamente, «di lotta e di governo», come saranno in seguito il PCI di Berlinguer, la Lega di Bossi, Forza Italia di ► Berlusconi, il M5S di ► Grillo e il PD di ► Renzi, tutti eredi a vario titolo del qualunquismo di Giannini.

Ma i politici, «di lotta» o «di governo» che siano, sono tutti qualunquisti, per natura o per necessità. È la ► democrazia stessa a costringerli a fare appello, nelle ► elezioni, a quell'uomo qualunque ideale che è l'elettore, abbassandosi al suo livello (nel caso che già non vi si trovino spontaneamente). Non stupisce dunque che tutte le forze politiche si accusino a vicenda di essere qualunquiste: semplicemente, perché lo sono.

Quote rosa   Una delle ultime trovate ▶ politicamente corrette sono le «quote rosa» nelle ▶ elezioni. Guarda caso, invece nessuno ha mai pensato a quote atee, ad esempio, in modo da permettere anche ai non credenti di essere rappresentati in un Parlamento di baciapile da sempre asservito alla Chiesa. O a quote culturali, in modo da evitare che un Parlamento di analfabeti scientifici si lasci irretire da ▶ ciarlatani come Vannoni.

Ma, mentre ci siamo, perché non chiedere quote rosa a Stoccolma, affinché metà dei premi Nobel siano ▶ donne? O nelle sale da concerto, per far sì che metà dei brani siano scritti o interpretati da signore? O nei musei e nell'editoria, con lo stesso effetto sulle opere esposte o pubblicate? O nei campionati di scacchi, agli sportelli bancari eccetera?

Le quote rosa non sono femministe, ma sessiste, perché pretendono che una donna sia scelta per il suo sesso, e non per le sue qualità. Tra l'altro, le donne politiche spesso non sono diverse dagli uomini ▶ politici: la Thatcher, ad esempio, non governava diversamente da Reagan. Fino a quando le donne non vorranno andare al potere per proporre una visione del mondo femminista, contrapposta a quella maschilista, le quote rosa rimarranno solo una colorita stupidaggine femminile.

R

Raffreddore   Il raffreddore è la malattia umana più diffusa: colpisce un miliardo di persone l'anno, costringe a centinaia di milioni di visite e costa miliardi di euro in farmaci. Poiché la sua incidenza è massima nella stagione invernale nelle zone temperate, e nella stagione delle piogge nelle zone tropicali, una diffusa ► scienziaggine ritiene che il raffreddore sia causato dal raffreddamento, che dà il nome alla malattia fin dal Cinquecento.

Solo nel 1956 è stato scoperto in Inghilterra che la causa più comune dei raffreddori sono invece i *rhinovirus*, anche se esiste un largo spettro di altri *virus* con lo stesso effetto. La diffusione della malattia è dovuta al fatto che questi *virus* si trasmettono per via aerea, e dunque il contagio è favorito dalla permanenza in luoghi affollati come le ► scuole, i cinema e i mezzi di trasporto pubblici.

Il freddo c'entra poco, se non in due modi. Da un lato, la tendenza a stare in locali chiusi aumenta il rischio di contagio. Dall'altro lato, il raffreddamento del corpo abbassa le difese immunitarie, alla pari della stanchezza e dello stress. Purtroppo i *virus* del raffreddore sono resistenti agli antibiotici, e poiché non si conoscono altri rimedi efficaci non rimane che prendersela stupidamente con il freddo, appunto.

Razze e razzismo L'articolo 3 della Costituzione della Repubblica Italiana recita: «Tutti i cittadini hanno pari dignità sociale e sono uguali di fronte alla legge, senza distinzioni di sesso, razza, lingua, ► religione, opinioni politiche, condizioni personali e sociali». Suppone dunque che, così come esistono i sessi, le lingue, le religioni, le opinioni e le condizioni, esistano anche le razze, ma stabilisce che non si possa essere discriminati in base a esse.

I geni del ► politicamente corretto hanno invece deciso che il modo più semplice e spiccio per eliminare la discriminazione razziale sia cancellare la parola «razza» dal vocabolario. Ma poiché i geni della biologia non si sono ancora adeguati, i figli di genitori bianchi continuano imperterriti a nascere bianchi, e analogamente per gli altri colori, a testimonianza della natura genetica delle varie razze umane.

Lo stesso succede per le razze canine o bovine, ma per fortuna nessuno ha (ancora) proposto di parlare di "etnia" chihuahua o chianina. E poiché le cose continuano a esistere anche se gli struzzi mettono la testa sotto terra, i Padri Costituenti sono stati sensati a sottolineare che ci sono sia i sessi sia le razze, ma che questo non giustifica né il sessismo contro le ► donne, né il razzismo contro le razze.

Religione Schopenhauer disse una volta: «Il medico vede l'uomo in tutta la sua debolezza, l'avvocato in tutta la sua cattiveria e il prete in tutta la sua stupidità». E un'altra: «Le religioni sono figlie dell'ignoranza, e non sopravvivono a lungo alla madre», aggiungendo che il califfo Omar fece incendiare la biblioteca di Alessandria perché «i ► libri che concordano con il Corano sono inutili, e quelli che non concordano sono dannosi».

La stupidità religiosa assegna cause animate a fenomeni inanimati, come fanno i ► cani quando abbaiano a qualcosa che si muove perché la credono qualcuno. Le divinità antiche erano appunto ipostatizzazioni di eventi naturali, come Giove Pluvio, Tonante o Fulminante per la pioggia, i tuoni o i fulmini. Oggi Giove viene chiamato ► Dio Padre, «creatore del cielo e della Terra», ma non per questo è diventato più furbo.

L'ignoranza religiosa da un lato ignora appunto le cause naturali dei fenomeni, come quando scambia per ► miracoli le guarigioni spontanee, l'effetto ► *placebo* o le cure mediche. E dall'altro ritiene di dover cercare spiegazioni anche quando non ha ► senso farlo: ad esempio, quando ci domanda quale sia il «senso delle cose» o il «senso della ► vita», senza sapere che ha senso solo domandarsi quale sia il «senso delle frasi».

Reliquie   Le reliquie sono strumenti per l'arricchimento ▸ spirituale dei fedeli e quello materiale del clero. Molte di esse, comprese quelle solennemente conservate nelle basiliche di Santa Maria Maggiore e San Giovanni in Laterano a Roma, sono talmente ridicole che Gioacchino Belli ebbe facile gioco a sbeffeggiarle nel sonetto *La mostra de l'erliquie* (1833).

Delle memorie dell'▸ Antico Testamento sono sopravvissute la mensa di ▸ Abramo, la scure con cui Noè costruì l'arca, il ramoscello d'ulivo riportato dalla colomba dopo il diluvio, le tavole della Legge, la verga di ▸ Mosè, la manna del deserto, l'arca della Santa Alleanza, tre delle trombe con cui Giosuè fece crollare le mura di Gerico, il trono di David eccetera.

Tra i reperti del Nuovo Testamento ci sono invece la mangiatoia di Betlemme, ampolle con il latte della Madonna e l'ultimo respiro di Giuseppe, otto prepuzi di un dotatissimo Bambin ▸ Gesù, i dodici canestri della moltiplicazione dei pani, la coda dell'asino della Domenica delle Palme, il calice dell'ultima cena, la corona di spine, molti chiodi e frammenti della croce, varie ▸ sindoni, la candela che illuminava il sepolcro, il dito che Tommaso mise nel costato, la pietra che funse da rampa di lancio per l'ascensione al cielo eccetera.

Renzi (Matteo) Da quando Ronald Reagan ha mostrato al mondo che le doti di un attore, per quanto modesto, non guastano per diventare presidente degli Stati Uniti, il mondo si è adeguato. Per diventare presidente del Consiglio in Italia ▶ Berlusconi ha imparato a cantare sulle navi, mentre Matteo Renzi ha partecipato alla *Ruota della fortuna* da piccolo, nel 1994, e ad *Amici* da grande, col «chiodo» alla Fonzie, nel 2013.

Questo genere di preparazione alla politica aiuta a dir bene le stupidaggini che ai ▶ politici tocca dire, se vogliono conquistare il voto degli stupidi. E stupidi bisogna esserlo veramente, per credere a uno che spergiura che non andrà mai al governo senza l'investitura delle ▶ elezioni, tranquillizzando su ▶ Twitter il presidente in carica con un «#Enricostaisereno», e si smentisce in meno di un mese.

Tra le altre stupidaggini che Renzi ha detto a viso aperto agli elettori creduloni ci sono la «rottamazione», che ha riportato al governo Berlusconi, Alfano e Verdini. La «tutela del lavoro», che ha abbattuto i diritti dei lavoratori con il *Jobs Act*. E la «governabilità», che ha seppellito la ▶ democrazia con l'*Italicum* e la riforma della Costituzione. Il tutto all'insegna di una politica "di sinistra", dettata dalle ▶ banche.

Resistenza Uno dei simboli della resistenza partigiana è la canzone *Bella ciao*, che inizia con un moto di sorpresa: «Una mattina mi son svegliato, e ho trovato l'invasor». Continua con una richiesta: «E se io muoio da partigiano, tu mi devi seppellir. Mi seppellirai lassù in montagna, sotto l'ombra di un bel fior». E termina con un epitaffio: «E questo è il fiore del partigiano, morto per la libertà».

Naturalmente i ► nazisti invasori la vedevano in maniera opposta, e consideravano i partigiani semplicemente come dei ► terroristi. Per definizione, infatti, la resistenza è un movimento che si oppone a una forza esercitata in maniera contraria, e assume connotazioni positive o negative a seconda della direzione da cui la si guardi. Anche se è facile dimenticarlo, e cadere nella trappola del ► tifo geopolitico.

È proprio quello che fanno coloro che, stupidamente, non si accorgono che i partigiani italiani resistevano allora all'invasore tedesco esattamente come i partigiani afghani o iracheni resistono ora all'invasore occidentale, italiano compreso. E che non si può parlare di resistenza per l'attentato di via Rasella del 1944 se si parla di terrorismo per gli attentati di Nassiriya del 2003 e 2006, o viceversa.

Resurrezione Il giorno di ► Pasqua i cristiani festeggiano la resurrezione di ► Gesù, ma la speranza della resurrezione non è un monopolio del cristianesimo: molte altre ► religioni dell'antichità hanno offerto ai loro fedeli la consolatoria illusione che si possa tornare indietro dalla ► morte, eludendo la seconda legge della termodinamica. Purtroppo la cosa sembra preclusa agli organismi complessi, perché oltre una certa massa critica diventa impossibile recuperare l'informazione che si è persa con la morte: cosa invece ancora possibile per alcuni organismi particolarmente semplici.

Ad esempio, un organismo unicellulare anaerobico come il bacillo del tetano, che vive nell'intestino di alcuni animali, se espulso all'aria muore e si cristallizza, ma se si deposita su un chiodo può penetrare nella ► carne in seguito a una ferita e risorgervi letalmente. E un organismo pluricellulare acquatico come il tardigrado, che vive nel muschio e tra le felci, in mancanza d'acqua può disidratarsi e sospendere l'attività metabolica, senza la quale non c'è ► vita, ma se reidratato è in grado di riprendere la vita anche dopo decenni. Il corpo umano invece è troppo complesso per risorgere fisicamente, ma la mente umana è troppo semplice per non illudersi stupidamente al proposito.

Riesumazioni   A volte la stupidità assume forme macabre, come l'impedire che i morti riposino in pace andando a riesumare i loro cadaveri. Nel "bene", lo si fa nella speranza di ritrovarli, se non vivi, almeno intatti e immuni dalla decomposizione della ► carne: cosa che dovrebbe testimoniarne la santità, anche se basterebbe una visita a un museo egizio per accorgersi che si può rimanere mummificati in maniera naturale e profana.

Nel male, le riesumazioni si praticano per prendersela postumamente con i morti, non essendo arrivati in tempo a farlo con i vivi. Vi indulsero persino i flemmatici inglesi, quando dissotterrarono a trent'anni dalla ► morte il filosofo scolastico John Wyclif, dichiarato eretico nel 1415 dal Concilio di Costanza per aver sopravvalutato le Scritture e sottovalutato il ► papa, e ne arsero inutilmente sul rogo i resti (non intatti).

Figuriamoci se non vi indulsero anche i barbari inquisitori romani di Urbano VIII, che processarono nel 1624 il vescovo Marco Antonio de Dominis, reo di aver per primo intuito la vera spiegazione delle maree. L'imputato morì durante il procedimento, ma dopo la conclusione fu dissotterrato per essere presente in corpo alla lettura della sentenza, e venne poi bruciato in ► spirito in Campo de' Fiori insieme ai suoi ► libri.

Ristoranti Molti ricorderanno l'osservazione di ► Berlusconi a proposito della ► crisi: «I ristoranti sono tutti pieni». Che richiamava per contrasto quella di Maria Antonietta a proposito dei contadini senza pane: «Che mangino *brioches*». A parte le stupide *boutades*, c'è comunque un aspetto paradossale nel fatto che in tempi di crisi i ristoranti siano tutti pieni.

In uno studio sulle *Condizioni per la produzione e il consumo* (1857) Ernst Engel notò che, poiché non si può mangiare sotto un certo limite, chi ha un reddito molto basso deve spenderne una buona parte per sfamarsi. E poiché non si può mangiare oltre un certo limite, chi ha un reddito molto alto può spenderne solo una piccola parte per gozzovigliare. Dunque, al crescere del reddito la percentuale che viene spesa per sfamarsi decresce, anche se il valore assoluto della spesa può salire per la quantità e la qualità di cibo acquistato dai ricchi.

Il fatto che si spenda molto per i ristoranti mentre altri esercizi chiudono a raffica non dimostra affatto che non c'è la crisi, come voleva lasciar intendere Berlusconi. Piuttosto, è un sintomo del fatto che la crisi ci ha fatti diventare un paese più povero, e ci ha costretti a convogliare una buona parte del nostro reddito sui generi di prima necessità.

R i t i   Dal di fuori i testi di ritualità come il *Levitico* dell' ▸ Antico Testamento o i *Brahamana* dei Veda appaiono come stupidi elenchi di regole senza significato. E i comportamenti che i fedeli adottano dal di dentro delle rispettive ▸ religioni appaiono tanto patologici, che Freud arrivò a diagnosticare: «La ritualità religiosa manifesta una nevrosi collettiva, e la nevrosi individuale esprime una religione personale».

Naturalmente i riti hanno una funzione di coesione sociale, ma è una stupidaggine pretendere di imporli sulla base delle leggende degli dei biblici o vedici, come se questi appartenessero alla Storia. Ed è una stupidaggine pretendere di assegnare ai riti una capacità di influire sulla Natura attraverso il soprannaturale, come se essi potessero ingraziarsi le forze ▸ spirituali che si immaginano reggere il mondo.

Ma non sono soltanto le funzioni religiose a proporre e imporre modelli rituali di comportamento. Lo stesso accade anche nei raduni politici, nelle gare sportive, negli eventi sociali, nelle ricorrenze famigliari e nel comportamento personale. L'importante è non sentirsi obbligatoriamente vincolati a delle stupide costrizioni, e uniformarsi distaccatamente a delle semplici convenzioni.

Rol (Gustavo) ► Giornali e ► televisioni hanno a suo tempo approfittato di Gustavo Rol per seguire la loro vera vocazione e realizzare la loro massima aspirazione: dedicare, cioè, un'indebita attenzione ai ► ciarlatani. Hanno dunque ricevuto uno spropositato *battage* ► pubblicitario i supposti prodigi del mago di Torino, che si esibiva per la gioia e lo stupore degli stupidi appartenenti all'alta borghesia e al mondo dell'arte.

Che Rol fosse incredibile, nel ► senso di non credibile, non ci vuol molto a capirlo: bastano le sue dichiarazioni sul fatto che faceva i suoi "esperimenti" per confermare la presenza di ► Dio, e che aveva ricevuto le prove assolute della Sua esistenza e dell'immortalità. Frequentando l'Altissimo, non si abbassava a esibirsi di fronte a gente del mestiere in grado di controllare le sue affermazioni sul ► paranormale e svelare i suoi trucchi.

Ma che i trucchi ci fossero, e quali fossero, lo si può scoprire già attraverso i racconti dei suoi seguaci. I quali dimostrano che il mago torinese non usava altro che il classico repertorio dei prestigiatori, e che la sua unica distinzione era *le physique du Rol* col quale creava un'atmosfera speciale in casa sua, sceglieva accuratamente gli stupidi riccastri da circuire e li menava per il naso con la classe sufficiente ad abbindolarli.

Rotonde   Se il ► traffico è una manifestazione generica della stupidità italiana al volante, le rotonde ne costituiscono una specifica. Non è dato sapere chi sia stato il ► genio che ha pensato di poterle mutuare dai paesi civili dove regna la cavalleria per adattarle a un paese incivile in cui impera la cafoneria.

I primi semafori (a gas) furono introdotti nel 1868 a Londra per regolare il traffico attorno al Parlamento di Westminster, e in seguito vennero adottati in tutto il mondo per costringere i selvaggi della guida a comportarsi in maniera umanoide. Ma nel 1966 l'Inghilterra, ritenendo di aver sufficientemente civilizzato i propri automobilisti, iniziò una deregolamentazione degli incroci a semaforo sostituendoli con le rotonde, anch'esse poi dilagate a macchia d'olio in tutto il mondo.

Persino i disciplinatissimi statunitensi trovarono difficoltà con le rotonde, come mostra il film satirico *European Vacation*, «Ma guarda un po' 'sti americani» (1985). Immaginiamo gli indisciplinatissimi italiani, che scambiano le ► auto per ► donne e i cambi per peni: da quando le rotonde sono state introdotte nel 1989 a Lecco, essi ci vengono dentro a tutto gas per fottere il maggior numero di auto in arrivo. Chi si contenta gode, ma stupidamente, secondo il proprio destino.

R umore Chi vive vicino a una chiesa o una mo-
schea bestemmierà il ► Dio dei cristiani o dei musulmani, a causa del quale è condannato a subire il martel-
lante suono delle campane dal campanile o il lancinante
lamento del *muezzin* dal minareto. Ma l'inquinamento
► ambientale oggi si manifesta di solito attraverso più
laici, ma non meno instupidenti strumenti quali i motori,
i clacson, le sirene, gli allarmi e gli ubiqui altoparlanti.

È vero che i treni civilmente contemplano carrozze ri-
servate a coloro che vogliono starsene tranquilli a leggere, pensare o cazzeggiare senza subire le voci, i ► cellulari e i computer dei vicini. Ma queste zone di supposto
silenzio sono spesso incivilmente ignorate non solo dai
passeggeri, ma anche dai messaggi a tutto volume che
paradossalmente chiedono di abbassare la suoneria e di
parlare sottovoce.

Nei bar, nei ► ristoranti, nelle stazioni e negli aeroporti si viene invece bombardati da altoparlanti e video
che vomitano continuamente ► cazzate sonore e visive,
impossibili da evitare anche implorando. Persino nei
taxi è difficile far spegnere la radio allo stupido tassista,
che sembra non capire che qualcuno potrebbe preferire
il silenzio anche se non si trova su un'autoambulanza o
su un carro funebre.

S

S acra Famiglia   Come anche i selvaggi sanno, ad esempio quello citato da ▶ Diderot nel *Supplemento al Viaggio di Bougainville* (1771), la storia dell'umanità narrata nell' ▶ Antico Testamento non può funzionare senza incesti: dapprima degli unici figli (Caino e Abele) con la madre (Eva), e poi del nonno (▶ Adamo), del padre o di eventuali fratelli con le figlie che devono essere prima o poi sopravvenute.

La storia della redenzione narrata nel Nuovo Testamento presenta invece una singolare famiglia asessuata, nessuno dei tre membri della quale (Giuseppe, Maria e ▶ Gesù) sembra mai essersi sporcate le mani con certe cose: neppure la madre, che avrebbe generato il figlio rimanendo vergine «prima, durante e dopo il parto».

Difficile che una ▶ religione basata su tali premesse possa avere un rapporto sano con la sessualità. E infatti la storia della Chiesa esibisce modelli e comportamenti che vanno dalla castità alla pedofilia, passando attraverso la misoginia e confluendo nella politica proconcezionale, nella svalutazione del sesso e nell'emarginazione delle ▶ donne. E sono proprio questi modelli e comportamenti a costituire le maggiori cause di insoddisfazione dei colti occidentali moderni che si ostinano a ispirarsi alle stupidaggini mediorientali antiche.

San Gennaro   Nel Duomo di Napoli è custodito un tesoro: due ampolle del sangue di san Gennaro, prelevato direttamente dal suo cadavere ancora caldo dopo il martirio subìto il 19 settembre 305. Tre volte l'anno, una delle quali appunto il 19 settembre, le ampolle vengono esibite ai fedeli nel parossismo generale, e spesso il sangue si liquefà miracolosamente. O almeno, così dicono gli ingenui.

La ► scettica precisazione deriva dal fatto che il CICAP vende da anni boccette di soluzioni tissotropiche che riproducono perfettamente il ► miracolo. Si tratta di sostanze analoghe al *ketchup* e alla Salsa Rubra, che in condizioni normali sono solide e non fuoriescono dalla bottiglietta, ma se vengono sbattute si liquefanno, senza che le cameriere dei bar pensino ogni volta che è avvenuto un miracolo.

Naturalmente i *fans* rimangono indifferenti di fronte a queste provocazioni razionaliste, ma la cosa non stupisce. Quando Paolo VI, per una volta d'accordo con i provocatori, propose nel 1964 di cancellare san Gennaro dal calendario per la sua «scarsa storicità», sui muri della città apparve la scritta: *San Gennà, futtetenne*. E se se ne fotte il furbo santo, non possono fottersene anche gli stupidi fedeli?

Sanità È più stupido il vero integralista che rifiuta di ► vaccinare i figli o il malato immaginario che
si imbottisce di pillole? Già i Greci usavano la parola
phármakon per indicare sia le medicine che i veleni, e di
fronte al gran circo della sanità, pubblica o privata, tutti
prima o poi ci domandiamo se sia il caso di farsi visitare, effettuare ► esami, assumere farmaci, intraprendere
trattamenti e subire operazioni.

È innegabile che nel tempo l'attenzione del medico si
sia progressivamente spostata dal malato alla malattia,
concentrandosi sempre più sugli aspetti tecnologici ed
economici e sempre meno su quelli umanistici e umanitari. E il premio Nobel per l'economia Amartya Sen
ha notato, paragonando gli Usa e l'India, che più uno
Stato spende per la salute, più i cittadini si considerano
maggiormente malati di quanto non siano.

La sanità occidentale inventa non solo nuovi farmaci,
ma anche nuove malattie, e il "traffico di medicinali"
negli Usa arriva al 15% del ► PIL. Che la medicina sia
ormai più al servizio di Big Pharma che dei piccoli pa-
zienti lo dimostra la statistica: solo il 20% degli interventi medici e farmacologici sono efficaci, e il rimanente
80% è inutile o dannoso. Dunque, quando ci curiamo
siamo stupidi all'80%.

Sanremo   Al Festival di Sanremo del 1988 avrebbe dovuto partecipare Renzo Arbore con la canzone *Grazie dei fiori bis*, ma i discografici scandalizzati gli impedirono di cantare: «Dicono che son solo canzonette, ma poi però le cantano un po' tutti. Fanno la rima amore-cuore, ma della nostra Italia hanno il sapore. Qualcuna è un poco scema, come questa, ma proprio la più scema resta in testa».

Si sa che gli scemi hanno poco ► senso dell'ironia, e le scemenze a Sanremo sono di casa fin dalla prima edizione del 1951, quando ancora la ► televisione non c'era. Dal 1955 il Festival della Canzone Italiana è diventato l'evento televisivo dell'anno, e costituisce la versione nostrana delle altrettanto vane e stupide cerimonie di consegna degli Oscar a Los Angeles, rivolte allo stesso genere di pubblico.

Il motto di Sanremo è stato coniato secoli prima da Beaumarchais nel suo *Barbiere di Siviglia* (1775): «Ciò che è troppo stupido da dire, si canta». Umberto ► Eco l'ha trasformato in una parodia della conclusione del *Tractatus* (1921) di Wittgenstein: «Su ciò di cui non si può parlare, si può cantare». E infatti a Sanremo si canta l'indicibile, per le orecchie di chi non sa ascoltare né Beaumarchais, né Wittgenstein, né Eco.

Scetticismo   Uno dei sintomi più rivelatori della stupidità è l'immunità da qualunque scetticismo nei confronti delle proprie opinioni. Per contrasto, la corrente filosofica che prese appunto il nome da *sképsis*, «ricerca» o «indagine», si proponeva invece di decostruire sistematicamente ogni posizione attraverso un «► dubbio metodico», che arrivava a mettere in discussione il metodo stesso.

Molti ricorderanno l'aforisma del *Tractatus* (1921): «Chi è salito attraverso le mie proposizioni deve gettar via la scala», ma pochi sanno che Wittgenstein ripeteva una metafora di Sesto Empirico, il quale aveva anche descritto la propria filosofia come un fuoco che si estingue dopo aver provocato l'incendio. Ma già molti secoli prima ► Buddha aveva paragonato il proprio insegnamento a una zattera, da abbandonare dopo aver traghettato il fiume. Per il più caustico Enesidemo lo scetticismo era invece una supposta, da espellere insieme a tutto ciò che aveva purgato.

Un pensiero che si esprime in questi termini, producendo inoltre testi intitolati *Contro gli accademici* o *Contro i professori*, non può che ispirare simpatia, almeno in coloro ai quali è il ► politicamente corretto a provocare scottature o mal di pancia intellettuali.

Scientology   Ron Hubbard è uno scrittore statunitense che negli anni '30 ottenne fama e successo con un gran numero di racconti e romanzi di vario genere, spazianti dalla fantascienza all'*horror* al *western*. A un certo punto Hubbard si accorse però che raccontare storie per diletto ai lettori non era diverso dal predicarle per interesse ai fedeli, ed effettuò il grande balzo dal ► *fantasy* alla realtà.

Le teorie della *dianetica* (da *dianétikos*, «etica attraverso il pensiero») furono annunciate nel 1950 sulla rivista *Sorprendente fantascienza*, appunto, e promettevano «un potere quasi incredibile della mente sul corpo», in grado di «curare non solo malattie psicosomatiche, ma anche malattie fisiche come l'► ulcera e l'artrite». Il ► libro *Dianetica* divenne l'► Antico Testamento della nuova psicoterapia, e vendette venti milioni di copie.

Nel 1952 Hubbard estese la dianetica della mente alla *scientologia* dell'► anima, e il libro *Storia dell'uomo* ne divenne il Nuovo Testamento: anche letteralmente, visto che ► Gesù veniva considerato (con ► Buddha) già un livello sopra la dianetica, ma ancora un livello sotto la scientologia. Le ► scienziaggini di Hubbard, invece, come stupidità stanno allo stesso livello della ► psicanalisi e della ► religione.

Scienziaggini Spesso i ► ciarlatani che eruttano scienziaggini si credono ► geni incompresi, e amano paragonarsi a Galileo o Pasteur. Ma in genere è facile riconoscerne l'*identikit*: educazione autodidatta e antiaccademica, isolamento e ► paranoia nei confronti del resto della comunità scientifica, fissazione su problemi dimostrabilmente insolubili, uso di ► linguaggi e tecniche completamente autoreferenziali...

A volte le assurdità sono peccati di superbia commessi da persone non stupide, ma rese temerarie da successi in campi poco rigorosi: dalle sciocchezze ottiche di ► Goethe agli svarioni relativistici di ► Bergson. Altre volte sono gli scienziati stessi a travalicare i limiti della ragione: dall' ► eugenetica di Hermann Müller al ► paranormale di Brian Josephson, rispettivamente premi Nobel per la medicina e la fisica.

Ma in genere le scienziaggini sono opera di stupidi dilettanti, che si calano lo scolapasta in testa contro i mulini a vento più disparati: la ► quadratura del cerchio, il moto perpetuo, le civiltà perdute, gli ► extraterrestri, l' ► astrologia, la lettura del pensiero, la comunicazione con gli ► spiriti, l' ► esorcismo dei demoni... Nessun problema appare troppo stupido a chi lo è per davvero, e ci tiene a farlo sapere.

Scuola   Diceva lo storico Edward Gibbon, autore della monumentale *Storia del declino e della caduta dell'Impero Romano* (1776-89), che «l'educazione è sempre inutile, eccetto nei casi in cui è superflua». Ma se le scuole fossero chiuse a tutti, eccetto che ai ► geni, in breve tempo il mondo si popolerebbe di analfabeti e ignoranti, perché chi fa fatica a diventare umano a scuola, lasciato a sé stesso rimarrebbe un animale.

Con buona pace di Gibbon, la sua è solo una divertente stupidaggine. Semmai si potrebbe dire che l'educazione è sempre necessaria, eccetto nei casi in cui è dannosa. Ad esempio, i due grandi fisici Albert Einstein e Henri Poincaré trovarono entrambi molte difficoltà a scuola, e il premio Nobel per la medicina John Gurdon conquistò a Eton la palma di «ultimo della classe».

Naturalmente, il genio autodidatta rischia di diventare un fenomeno da baraccone, con una cultura squilibrata e incompleta. Per questo la scuola dovrebbe pretendere «da ciascuno secondo le proprie possibilità intellettuali» e dare «a ciascuno secondo i propri bisogni culturali». Ma chi potrebbe pensare e programmare una tale scuola se non un genio, appunto, di quelli che difficilmente si trovano in un ministero?

Selfie   Il primo autoritratto fotografico conosciuto è un dagherrotipo di Robert Cornelius risalente al 1839, l'anno stesso del deposito del brevetto del metodo. L'idea del *selfie* è dunque vecchia quanto la fotografia, anche se il ► cellulare rende più agevole lo scatto e permette di fotografarsi tenendo semplicemente il braccio teso. Prima, invece, per farlo era necessario usare uno specchio o l'autoscatto (a filo o a orologeria).

La facilità del *selfie* permette di dare libero sfogo alle stupide tendenze narcisistiche umane, che la maggiore difficoltà della pittura prima, e della fotografia delle origini poi, teneva parzialmente a bada. Oggi che ciascuno può fotografarsi in continuazione, come prima solo ai ► divi era concesso, i *social network* come ► Facebook, Instagram, ► Twitter e Whatsapp sono diventati i rotocalchi *samizdat* dei «poveri e brutti».

Ma poiché tutti sanno che i cinque secondi di attenzione che un *selfie* ottiene dagli amici sono pur sempre una caricatura della vera celebrità, ecco allora l'ancora più stupida corsa agli scatti con i divi reali o presunti, dal ► papa alla cubista, passando per il ► politico, l'attore, il cantante o lo scrittore di turno. Così il nuovo *selfie* ha sostituito il vecchio autografo, con un vantaggio: di poter essere richiesto anche agli analfabeti.

Senso Più una persona è stupida, più si affanna a porsi domande grandiose alle quali si contenta di fornire risposte insignificanti. Gli esempi archetipici di queste domande riguardano il «senso delle cose» o il «senso della ► vita», e chi le pone non si accontenta dell'ovvia risposta che non solo il senso non c'è, ma non ha neppure senso domandarsi se ci sia.

Il senso infatti è una proprietà delle frasi del ► linguaggio, e non delle cose del mondo: vita compresa. Purtroppo, meno le domande sono sensate e più suonano bene a un orecchio non sofisticato: non a caso se le pongono professionalmente i poeti, i romanzieri, i ► teologi e i filosofi, che in vari gradi si dilettano di letteratura del genere ► *fantasy*.

Gli scienziati invece hanno trovato teoricamente più gratificante e praticamente più efficace accantonare le domande sul senso e affrontare quelle sulla natura delle cose. I logici, dal canto loro, sono arrivati nel Novecento a capire due profonde ► verità a proposito del senso. La prima è che non tutte le domande sono sensate: in particolare, non lo sono appunto quelle sul senso. E la seconda è che non tutte le domande sensate ammettono risposta: anzi, la maggior parte non l'ammette, benché gli stupidi non riescano a farsene una ragione.

Shaw (George Bernard) Nelle *Massime per un rivoluzionario* (1903) George Bernard Shaw scriveva: «Tra gli stupidi un ▸ genio diventa un ▸ dio: tutti lo adorano, e nessuno l'obbedisce». E anche: «È pericoloso essere sinceri, a meno di essere pure stupidi». In *Cesare e Cleopatra* (1898), invece: «Quando uno stupido fa qualcosa di cui si vergogna, dice sempre che gliel'hanno ordinata». E anche: «Non è che uno sia così furbo, è che gli altri sono così stupidi».

Per non essere stupidi non basta, però, vincere un premio Nobel per la letteratura e dire cose ▸ intelligenti sulla stupidità. Non, ad esempio, se poi si scrive nel *Dilemma del dottore* (1906): «I radicali che invocavano, come condizione preliminare a qualunque riforma sociale, lo strangolamento dell'ultimo re con le budella dell'ultimo prete, hanno sostituito senza fiatare il battesimo obbligatorio con il ▸ vaccino obbligatorio».

E meno ancora se si pensa che «la ▸ religione ha sempre ragione e la scienza sempre torto». Si è favorevoli all' ▸ eugenetica e alle camere a gas per sterminare coloro che sono «antisociali» o «disabili». E si ammirano le ▸ dittature di Mussolini, Stalin e ▸ Hitler, arrivando a sostenere che, se i ▸ nazisti avessero invaso l'Inghilterra, li si sarebbero dovuti «accogliere come turisti».

S i n d o n e   Il 13 ottobre 1988 il cardinal Ballestrero annunciò al mondo «un responso che non è il caso di mettere in ▶ dubbio, anche se non quadra con le ragioni del cuore»: la Sindone di Torino, datata con il carbonio 14, risale a un periodo tra il 1260 e il 1390. Da quel giorno il lenzuolo ha ricevuto la sua definitiva collocazione nel mondo del ▶ *fantasy*, nonostante gli schiamazzi degli irriducibili a oltranza.

Lungi dall'essere una sorpresa, la ▶ datazione scientifica della Sindone concorda con la data storica del 1353, anno in cui il cavaliere Goffredo di Charny la tirò fuori dall'elmo e rivendicò la sua origine evangelica. D'altronde, a partire dalla conquista di Costantinopoli nel 1204 l'Occidente era stato inondato di ▶ reliquie astutamente sopravvissute ai millenni: una quarantina di esse erano sindoni, appunto.

A smentire la Sindone di Torino basta comunque il buon ▶ senso. Il cadavere è rappresentato secondo i canoni dell'arte gotica. Ha l'indice e il medio della stessa lunghezza. E l'immagine veristica della sua faccia contrasta con l'impronta deformata che si ricaverebbe da un lenzuolo, come nella famosa maschera di Agamennone. L'unico vero ▶ miracolo è il suo forte potere di suggestione sui deboli di spirito.

Sistemi L'ormai classica *Sistemantica* (1978) di John Gall delineò una sconsolante teoria di «come veramente funzionano e falliscono i sistemi». Il ► libro snocciolò impietosamente, una dopo l'altra, una serie di leggi che ci mostrano come in genere le organizzazioni funzionino male. Tendano ad autoalimentarsi e irrigidirsi. Perdano gradualmente di vista i propri obiettivi. Non facciano ciò che dovrebbero. Assegnino un valore sproporzionato alle stupidaggini. E finiscano per diventare autoreferenziali e fini a sé stesse.

Si capisce allora che i problemi che infestano le nostre organizzazioni lavorative, sindacali, politiche, militari e religiose sono, almeno in parte, endemici e irrimediabili. E che se i loro vertici ci appaiono così spesso inadeguati e improponibili è perché in buona parte non solo lo sono, ma non possono non esserlo.

Ricordiamoci allora, di fronte ai nostri ► politici, ai nostri capitani d'industria, alle nostre gerarchie e ai nostri dirigenti d'ogni ordine e grado, che quando «dei pigmei proiettano un'ombra gigantesca, significa che siamo ormai vicini al tramonto» (Novalis, *Frammenti* 811).

Sokal (Alan) Nella primavera del 1996 il fisico Alan Sokal mandò alla rivista *Social Text* un saggio intitolato *Trasgredire le frontiere: verso un'ermeneutica trasformativa della gravità quantistica*, che fu prontamente pubblicato benché fosse infarcito di stupidaggini messe a bella posta e mascherate in "filosofese": cioè, nel ► linguaggio tipico delle scienze sociali decostruzioniste.

Appena il saggio uscì, Sokal ne scrisse altrove un altro intitolato *L'esperimento di un fisico sugli studi culturali*, in cui rivelò la beffa. Questa finì in prima pagina sul *New York Times*, divenne famosa e scatenò un putiferio di commenti, molti dei quali convergenti su quest'unica conclusione: se una filosofia è indistinguibile dalla propria parodia, non può essere una cosa seria.

Alla sua beffa Sokal fece seguire nel 1997 il ► libro *Imposture intellettuali*, scritto a quattro mani con Jean Bricmont, che mostrava con dovizia di citazioni come il *pantheon* della filosofia postmoderna francese, da Lacan a Derrida, fosse colpevole di «manifesta ► ciarlataneria». Ma anche molta della filosofia tedesca e italiana è della stessa risma, da ► Hegel e Heidegger a ► Croce e Severino, e nessuna fa onore allo spirito umano.

S o l e   R o t a n t e   Il fenomeno del Sole Rotante appartiene alla mitologia di ► Fatima, dove sarebbe avvenuto pubblicamente il 13 ottobre 1917. Esso viene ingenuamente interpretato come un' ► apparizione della Madonna, benché sia probabilmente soltanto una manifestazione dei fulmini globulari studiati nel 1955 dal premio Nobel per la fisica Pjotr Kapiza.

Sia nel caso del Sole Rotante che in quello delle apparizioni è in funzione una tendenza psicotica a vedere connessioni immotivate ed eccezionali fra eventi sconnessi e banali. Soprattutto in soggetti di ► intelligenza e cultura sotto la media, come sono di solito i "veggenti" che raccontano. Ma non solo, visto che addirittura Pio XII ha testimoniato di aver visto il Sole Rotante per tre giorni consecutivi, al momento della proclamazione del ► dogma dell' ► Assunta.

Anche Giovanni Paolo II ha preteso di vedere una ► coincidenza "significativa" tra l'attentato in piazza San Pietro del 13 maggio 1981 e la prima apparizione a Fatima del 1917, dichiarando che non fu la balistica, ma «una mano materna a guidare la traiettoria della pallottola». E se persino i ► papi vedono il mondo in maniera così ballistica, immaginiamo i fedeli che si affidano a essi come guida.

Spirito Nelle lingue indoeuropee lo *spirito* in origine aveva semplicemente a che fare con la respirazione. Nella mitologia giudaico-cristiana il ► Dio dell' ► Antico Testamento alita il soffio vitale nelle narici di ► Adamo per infondergli la ► vita attraverso il respiro. In sanscrito l'inspirazione e l'espirazione si chiamano rispettivamente *brahman* e *atman*, che diventano *pnèuma* e *psyché* in greco e confluiscono nello *spiritus* latino.

In italiano si mantengono testimonianze di questi usi sensati in parole come pneumatico per le ruote gonfiabili di una macchina, pneumologo per il medico dei polmoni e pneumotorace per l'improvviso accumulo d'aria nel cavo pleurico. O in espressioni quali la chiusa del *Don Chisciotte* (1615): «Tra la compassione e il pianto dei circostanti esalò il suo spirito. Intendo dire che morì».

Oggi però la ► metafisica rivendica un monopolio assoluto della parola «spirito», e la usa unicamente per dire le sue stupidaggini. In Oriente, ad esempio, per parlare dell'*atman* come di uno spirito individuale che partecipa dello spirito universale del *brahman*. E in Occidente, per identificare lo spirito con l' ► anima e assegnare a entrambi un'esistenza autonoma nei regni dell' ► aldilà, anche dopo la ► morte nell'aldiqua.

Spiriti   Secondo *L'origine dell'uomo* (1871) di Darwin la ► religione si basa sulla «credenza in agenti ► invisibili o spirituali», originalmente generata nei selvaggi dall'esperienza onirica dei sogni. Dalla credenza negli spiriti alla fede in una o più divinità il passo è breve, una volta che si attribuiscano agli spiriti «le stesse passioni, lo stesso amore per la vendetta o le più semplici forme di giustizia, e gli stessi sentimenti» che hanno gli uomini.

A parte i furboni di ► Hollywood, che sugli spiriti ci prosperano, tra gli stupidi moderni che ci hanno creduto brillano i due premi Nobel inglesi per la fisica Lord Rayleigh e Joseph Thomson. Entrambi si schierarono nel 1876 dalla parte del *medium* statunitense Henry Slade nel processo per truffa intentato contro di lui da vari scienziati, esasperati dai tentativi di ammantare di scientificità le sedute spiritiche.

Il più acceso sostenitore dello spiritismo fu però William Crookes, inventore del tubo a raggi catodici, che nel 1871 testimoniò di aver assistito all'evocazione dello ► spirito della figlia del pirata Henry Morgan, di averla fotografata e di essersene innamorato. Naturalmente, fu sommerso dal ridicolo dovuto agli stupidi, quando venne arrestata una signora che assomigliava come una goccia d'acqua alle foto della piratessa.

Sprechi   Uno degli effetti più imbarazzanti della stupidità occidentale è il fatto che metà del cibo acquistato dai consumatori e dai ristoratori finisce tra i rifiuti, mentre un miliardo di persone nel resto del mondo non ne ha a sufficienza per vivere. Semplicemente prestando attenzione alla quantità del cibo che acquistiamo, potremmo dunque mantenere intatte le nostre ► abitudini alimentari e, nel contempo, ridurre le spese della metà oppure sfamare il doppio delle persone.

Allargando il discorso dal cibo alle risorse, già un secolo fa l'economista Pareto aveva osservato che il 20% della popolazione mondiale, al quale ovviamente noi occidentali apparteniamo, consuma l'80% delle risorse del pianeta. L'equità richiederebbe che quest'enorme sperequazione venisse riequilibrata da un abbattimento di tre quarti dei nostri consumi, per ridurli al 20% delle risorse mondiali.

Paradossalmente, questo non produrrebbe effetti inaccettabili sul nostro tenore di vita. Semplicemente, riporterebbe i consumi al livello degli anni '70: un periodo che, per chi l'ha vissuto, non rievoca affatto una drammatica economia di ► guerra, ma piuttosto un sano e diffuso benessere, con meno stupidi sprechi e meno stupido consumismo.

Statue Si racconta che Isaac Newton, del quale era nota l'avversione per tutto ciò che può essere classificato come *nonsense* o ► «cazzata», un giorno visitò la famosa collezione di statue del conte di Pembroke e si stupì che ci si potesse «innamorare di bambole di pietra». Sembrerebbe l'espressione di stupore di uno stupido, appunto, per quanto ► intelligente. Ma ci sono ottimi motivi per essere sospettosi delle statue e del loro influsso.

Ad esempio, il secondo comandamento del Decalogo che ► Mosè riportò indietro dai suoi incontri ravvicinati con Jahvè sul monte Sinai recitava: «Non ti farai immagini di cose viventi in cielo, in Terra e nell'acqua». Oggi i cristiani lo considerano decaduto: soprattutto i cattolici, che non a caso i protestanti definiscono sprezzantemente come «adoratori di statue».

Naturalmente, chi adora alcune statue può odiarne altre. È il caso di Leone XIII, che minacciò di andare in esilio nel 1889 se fosse stata eretta la statua a Giordano Bruno in Campo de' Fiori a Roma, dove arse il rogo dell'Inquisizione nel 1600. Ed è il caso di Pio XI, che chiese che fosse abbattuta alla firma del ► Concordato del 1929, ma dovette trangugiare il diniego di un dittatore fascista meno stupido di due ► papi.

Streghe   Le streghe hanno un ruolo importante nella mitologia per bambini e per adulti: da quelle di Eastwick del *Macbeth* di Shakespeare (1608) e Verdi (1847), a quelle della notte di Valpurga del *Faust* di ► Goethe (1832) e Gounod (1859), alla regina cattiva di *Biancaneve e i sette nani* dei fratelli Grimm (1812) e Walt Disney (1937).

Nessuna di queste streghe letterarie ha però molto a che fare con quelle "vere": le decine di migliaia di ► donne, cioè, che furono uccise fra il 1484, anno della bolla *Summis desiderantes affectibus* «Desiderando con supremo ardore», di Innocenzo VIII, e il 1782, anno dell'ultimo rogo a Glaris, in Svizzera, perché ritenute complici del Diavolo e sovvertitrici dell'ordine religioso e morale.

La caccia alle streghe rimane uno dei capitoli più imbarazzanti della storia della stupidità: umana, in generale, e religiosa, in particolare. Per cacciare correttamente c'era addirittura un manuale del bravo cacciatore: il *Malleus maleficarum*, «Martello delle malefiche», pubblicato nel 1487 da due domenicani tedeschi, secondo i quali «la stregoneria deriva dalla lussuria della ► carne, che nelle donne è insaziabile». Una lussuria che gli stupidi religiosi attribuivano al demonio e quelli letterari a una serie di diavolerie, dai manici di scopa alle pozioni ► magiche.

Stupidità   «Infinito è il numero degli stolti», sentenziò una scorretta traduzione dell'*Ecclesiaste* (I,15), dimostrando che uno degli infiniti stolti era l'autore di quella stessa traduzione. «Due cose sono infinite, l' ▸ universo e la stupidità umana, ma sull'universo ho ancora dei ▸ dubbi», precisò (forse) Einstein, additando almeno un punto di convergenza tra il pensiero religioso e quello scientifico.

Ma più che calcolarne il numero, che può essere infinito solo in ▸ senso figurato o potenziale, conviene cercare di precisare la natura dello stupido. In latino la parola indicava chi è «stupito, sbalordito, stupefatto, stordito, attonito». Per estensione lo stupido è un incapacitato ad agire, o almeno ad agire correttamente, perché la realtà ha su di lui un effetto di stordimento che lo rende, appunto, temporaneamente o permanentemente «instupidito».

Lo stupido può essere generalista o specialista, a seconda che la sua stupidità si estenda all'universo mondo, o rimanga confinata a qualche sua parte. Mentre il primo tipo è unico, come il mondo stesso, il secondo è variegato, tanto quanto lo sono le sue parti. E gli scrittori satirici o sarcastici, da Giovenale a Kafka, hanno bersagliato i sottotipi a turno.

Superstizione Si racconta che un giorno alcuni colleghi andarono a trovare Niels Bohr nella sua casa in campagna, e trovarono appeso sulla porta un ferro di cavallo. Quando il premio Nobel aprì, gli domandarono se pure lui credesse a quelle stupidaggini, e lui rispose: «Non ci credo, ma dicono che funzionano anche se non ci credi».

Uno scienziato può anche scherzare sopra un ferro di cavallo, ma molti stupidi credono per davvero a una serie illimitata di superstizioni: cornetti, amuleti, gatti neri, sale versato, scongiuri, auguri, scaramanzie, malocchi, carte, astri, bolle di vetro, fondi di caffè, letture della mano, premonizioni, divinazioni, presagi e ► oroscopi.

Ma più in generale è superstizione, etimologicamente, tutto ciò che «sta sopra» (da *super stare*): cioè, qualunque «sovrastruttura» artificiale che il pensiero impone alla struttura naturale del reale. Prima fra tutte la ► metafisica, che per sua stessa natura va appunto oltre ciò che c'è e sconfina in ciò che non c'è. Di conseguenza sono letteralmente superstiziose le credenze che vanno dalla ► religione sacra alla ► psicanalisi profana, passando per l' ► astrologia, la ► magia, la ► numerologia, il ► paranormale e altre miserie dell'irrazionalità umana.

T

Tabacco   Quando Renato Dulbecco vinse il premio Nobel per la medicina nel 1975 decise di dedicare la conferenza stampa ai rischi del fumo. L'occasione dell'assegnazione del premio a ricerche sul cancro non poteva essere ► sprecata, dopo che era stato dimostrato da Richard Peto che il tabacco produce il cancro al polmone, e la conferenza stampa si tramutò in uno spot di saggia «► pubblicità progresso» contro le sigarette.

L'esatto contrario, cioè, della stupida e criminale "pubblicità regresso" che le compagnie del tabacco conducono per invogliare la gente a un "suicidio assistito", con cifre da brivido. Secondo l'Organizzazione Mondiale della ► Sanità, infatti, ogni anno muoiono al mondo sei milioni di persone per il fumo attivo o passivo, pari a 16.500 circa al giorno, mentre in Italia le vittime sono 80.000, pari a più di 200 al giorno.

Le sigarette mietono dunque in un anno tante vittime quante l'intera Shoah in tutta la Seconda ► Guerra Mondiale, e in un giorno tante quante il ► terrorismo mondiale ne provoca in un intero anno, ma non ricevono titoli cubitali e servizi isterici sui *media*. Il tutto con la complicità di uno stupido e criminale Stato-*pusher*, che invece di proteggere i propri cittadini preferisce lucrare sul monopolio del tabacco.

Tacchi   Il romanzo *I piedi della concubina* (2000) di Kathryn Harrison narra la storia di una ▸ donna alla quale vengono fasciati i piedi, secondo la barbara e stupida usanza della Cina imperiale iniziata un millennio fa e formalmente bandita soltanto nel 1912, all'avvento della Repubblica, anche se l'ultimo caso ufficialmente registrato risale al 1957. Da un lato, i piedi fasciati costituivano un'attrazione erotica per gli uomini e uno strumento di seduzione per le donne. Ma, dall'altro lato, erano anche un'imposizione maschile di una tortura femminile.

Oggi i piedi fasciati sono scomparsi, ma Marx direbbe che la moda si ripete sempre due volte: la prima come tragedia maschilista e la seconda come commedia femminista. E la versione comica della tragedia della fasciatura sono oggi i tacchi a spillo. Anch'essi eccitano gli uomini con problemi di eccitazione, e rendono più seducenti le donne con problemi di seduzione. Ma rimangono una vessazione imposta e un disagio subìto, oltre che una testimonianza della stupidità della moda: la quale, come diceva George Bernard ▸ Shaw, «è solo un'epidemia indotta» dalla ▸ pubblicità, a cui soccombono sia gli uomini con la ▸ cravatta che le donne con i tacchi.

Taglione La *lex talionis*, «legge del taglione» o «della ritaliazione», appare per la prima volta circa 3.800 anni fa nel Codice di Hammurabi, ed è stata accolta dall' ► Antico Testamento in questa forma: « ► vita per vita, occhio per occhio, dente per dente, mano per mano, piede per piede, bruciatura per bruciatura, ferita per ferita, livido per livido».

Spesso viene stupidamente presentata come una forma di barbarie, ma non è altro che una versione antica del principio moderno della pena commisurata al delitto. Infatti impedisce di agire o reagire in maniera sproporzionata, ad esempio sferrando una ► guerra preventiva o uccidendo un ladro, come molti popoli "civili" ritengono invece giusto fare. Anche se qualcuno ha notato che «occhio per occhio, dente per dente» è comunque una buona strategia per produrre un mondo di ► ciechi e sdentati.

In ogni caso, così si comporta la Natura in base al principio di azione e reazione. E la teoria dei giochi ha dimostrato che la strategia del *tit for tat*, «pan per focaccia», è evoluzionisticamente vincente perché reagisce in modo immediato e moderato sia alle provocazioni che ai pentimenti. A dimostrazione del fatto che a volte le cose sono meno stupide di quel che sembrano.

Tasse In un paese come il nostro, dove i furbi disonesti non le pagano, le tasse ricadono per intero sulle spalle degli stupidi onesti. E un po' stupidi bisogna essere per subire onestamente un salasso che arriva fino a due terzi dei guadagni, tra imposte dirette sul reddito (IRPEF) e indirette sui consumi (▶ IVA). Anche perché solo una parte del maltolto ritorna al contribuente sotto forma di servizi, come dovrebbe, mentre il resto va invece a mantenere e perpetuare i disservizi della ▶ burocrazia a ogni livello: statale, regionale, provinciale e cittadina, ▶ Equitalia compresa.

Le tasse colpiscono dunque metaforicamente la stupidità degli onesti che le pagano. Ma già i Greci avevano inventato una letterale «tassa sulla stupidità» (*télos blakennómion*) che colpisse coloro che sono stupidi proprio perché stupidi, e non solo perché onesti. In origine si trattava soltanto dei clienti degli ▶ astrologi e degli ▶ oroscopi, ma gli Stati moderni hanno enormemente ampliato lo spettro. Oggi le tasse sul Superenalotto, il Totocalcio e le *slot machines* puniscono giustamente l'azzardo e le scommesse, mentre le accise sul ▶ tabacco, l'alcol e la benzina aggiungono le beffe al danno di chi si ostina a fumare, bere e guidare l'▶ auto a rischio proprio e della società.

Tèismo Non ci sarebbe la ►tèologia se non ci fosse il tèismo. Il quale, nella sua forma più distillata, è semplicemente la credenza nell'esistenza del tè. Il suo Vecchio Tèstamento è *Il tè nel deserto* di Paul Bowles (1949), e il primo dei suoi Comandamenti recita: «Non avrai altro ►Dio all'infuori del tè». Il suo inno è il *Tè Deum*, e la sua professione di fede agostiniana: «Chi ha tè non aspetti tè».

Le sue chiese sono i tèmpli, e il suo ordine i tèmplari. La celebrazione del suo mistero è la cerimonia del tè (*cha no yu* in giapponese), che rievoca la sua nascita virginale dalla Madonna delle Tètte, la sua ►morte nelle tazze e nelle viscere (*bowls* e *bowels* in inglese), e la sua ascesa al cielo sotto forma di ►Spirito Aromatico. La comunione si prende a digiuno sotto forma di biscotti, da inzuppare nel tè.

Le eresie più diffuse sono l'etilismo e il caffeinismo, che indulgono invece in comunioni blasfeme: rispettivamente, a base di pane e vino la prima, e di *brioches* e caffè la seconda. La tèodicea cerca inutilmente di render conto dell'esistenza del vino, del caffè e delle altre bevande atèiniche, dette anche più brevemente atèe. E l'atèismo è l'illusione di poter vivere senza il tè, indotti in tentazione dagli ►spiriti del vino.

Televisione Nei suoi primi anni di vita la televisione trasmetteva solo per poche ore su uno o due canali, e apposite sigle segnalavano l'inizio e la fine della programmazione. Ma, come scriveva Karl Popper in *Cattiva maestra televisione* (1996), da quando si trasmette ininterrottamente su un numero enorme di canali è diventato semplicemente impossibile produrre in tale quantità dei programmi di qualità accettabile.

Alla televisione, come a tutti gli altri *media*, gioverebbe un drastico ridimensionamento in base al motto di Lenin: «► Meglio meno, ma meglio». Ma la cosa è impossibile, perché non gioverebbe al ► dio del mercato: Marshall McLuhan ha infatti notato, negli *Strumenti del comunicare* (1964), che i programmi sono solo un intermezzo della ► pubblicità, che a sua volta è l'unico vero e grande programma.

È l'► Auditel a determinare quali programmi attirino il pubblico sensibile ai «consigli per gli acquisti», composto in larga parte di stupidi amanti delle ► cazzate. Dunque, non c'è da stupirsi che in televisione si vedano stupidaggini di ogni genere: dai *reality* come il ► *Grande Fratello* ai film di ► Hollywood. Tutti inesorabilmente regolati della legge di ► Gresham, secondo cui il programma cattivo scaccia quello buono.

Teologia Nel ►discorso su *Fede, ragione e* ►*università* del 12 settembre 2006, che fece infuriare gli islamici per un altro motivo, ►Benedetto XVI raccontò: «L'università di Ratisbona era fiera delle sue due facoltà teologiche. Ma una volta trapelò la notizia che uno dei colleghi aveva detto che nella nostra università c'era una stranezza: due facoltà che si occupavano di una cosa che non esisteva, cioè ►Dio».

Quel collega di Ratzinger sarebbe andato d'accordo con Jorge Luis Borges, che definiva la teologia «un ramo della letteratura fantastica». Ma altri rami della letteratura sanno di appartenere al genere ►*fantasy*, appunto. La teologia invece crede, o finge di credere, alle storie che racconta: nel secondo caso appartiene al regno della menzogna, nel primo a quello della stupidità.

A far acqua è il concetto di Dio, del quale nessuno ha mai prodotto una dimostrazione convincente di esistenza. Ma lo è soprattutto il concetto di «mistero della fede», che per definizione «dev'essere creduto prima di poter essere compreso». La cosa può andar bene per i creduloni a prescindere, ma una fede degna di questo nome richiede invece una cognizione di causa: cioè, segue, e non precede, la comprensione.

Terrorismo   Una risoluzione del Congresso degli Stati Uniti, datata 19 ottobre 1984, stabilisce: «È da considerarsi atto di terrorismo qualsiasi attività che: a) implichi un'azione violenta o pericolosa per la ► vita umana, che costituirebbe un crimine se commessa all'interno degli Stati Uniti; b) sia rivolta a intimidire la popolazione civile con l'uso della forza, o a influenzare in modo coercitivo la politica di un governo».

Secondo questa definizione i più efferati atti di terrorismo della storia dell'umanità sono stati perpetrati dagli Stati Uniti stessi il 6 e 9 agosto 1945 in Giappone, con le più potenti armi di distruzione di massa fino a oggi usate. Le vittime sono state circa 300.000: cento volte quelle del grande attentato dell'11 settembre 2001 a New York, e migliaia di volte quelle dei piccoli attentati che costellano la cronaca recente.

Inoltre, secondo l'*Atlante storico del XX Secolo* (1998) di Matthew White, nel Novecento il ► capitalismo e il ► comunismo hanno causato 185 milioni di morti per ► guerre, rivoluzioni, massacri, genocidi e ► dittature. Chi è più stupido, allora: i ► giornalisti e i ► politici che considerano il terrorismo spicciolo e casalingo come il ► nemico pubblico numero 1, o i lettori e gli elettori, che li seguono nel loro perverso delirio?

Tifo Gli antichi Romani, riferendosi alla stupida plebe, ne descrivevano i bisogni materiali e viscerali con l'espressione *panem et circenses*, «pane e circo», e la tenevano a bada gettandole in pasto l'uno e l'altro. La plebe di oggi, stupida come quella di allora, ha bisogno delle stesse cose: l'unica differenza è che al circo preferisce lo stadio, soprattutto quando vi si giocano le partite di calcio.

Le associazioni di tifosi sono spesso associazioni a delinquere localizzabili nelle famigerate «curve», che ieri come oggi vengono lasciate sfogare negli stadi per evitare che la loro rabbia si sfoghi o esploda altrove. Per questo la moglie del ▶ poliziotto Filippo Raciti, ucciso il 2 febbraio 2007 a Catania dagli *ultras* scatenati durante una partita con il Palermo, ha dichiarato che «lo Stato è sottomesso al calcio».

Il tifo calcistico è antisportivo per definizione, perché incita a tifare non per il migliore in campo ma per la propria squadra, e a disprezzare l'avversario. E lo stesso stupido atteggiamento si adotta non soltanto nel cosiddetto sport, ma anche nella ▶ politica e nella ▶ religione: ad esempio, nella vicenda dei ▶ marò, nel flusso degli ▶ immigrati, nell' ▶ antisemitismo e nelle ▶ guerre.

Tolstoj (**Lev**) Nel saggio *Tolstoj nel centenario della nascita* (1928) Thomas Mann osserva: «Per noi che possediamo ► Goethe, l'ardente sforzo del figlio della natura Tolstoj per ► spiritualizzare la ► vita deve apparire come la rispettabile, maldestra lotta di un barbaro fanciullo». Per chi conosca i propri polli (tedeschi), come Goethe e lo stesso Mann, quest'ultimo stava semplicemente dicendo che Tolstoj non era uno stupido.

E infatti la stupidità è praticamente assente in ► *Guerra e pace* (1869) e in *Anna Karenina* (1877), che vengono unanimemente considerati come due dei migliori romanzi mai scritti. Ma, pur non essendo stato uno stupido nato, come ► Dostoevskij, Tolstoj a un certo punto lo è diventato, come ► Pascal. E le ultime pagine di *Anna Karenina* testimoniano la pericolosa china sulla quale lo scrittore aveva iniziato a scivolare.

Molte delle sue opere successive, in particolare l'imbarazzante racconto *La sonata a Kreutzer* (1889) e gli sciocchi saggi *Che cos'è l'arte?* (1897) e *Sulla scienza* (1909), testimoniano la sua caduta nella vuota ricerca spirituale tipica di Dostoevskij, che infatti Tolstoj iniziò a rivalutare e arrivò ad apprezzare. Ma, sforzandosi di diventare un santone, alla fine Tolstoj divenne semplicemente un ► matto.

Totalitarismo È stupido pensare che, con la sconfitta dei totalitarismi aggressivi alla Orwell di *1984* (1948), la libertà regni ormai sovrana nel mondo. Rimangono infatti i totalitarismi suadenti alla Huxley di *Il mondo nuovo* (1932), dagli Stati Uniti al Vaticano. A entrambi i quali, non a caso, dichiarava apertamente di ispirarsi ► Hitler nel *Mein Kampf* (1925), ammirando dei primi la «soluzione finale» del problema indiano, e del secondo l'efficacia dei metodi inquisitori alla ► Bellarmino.

Ed è altrettanto stupido pensare che si tratti ormai di acqua passata. Perché oggi il totalitarismo occidentale, imperiale e imperante, pretende senza più alcun pudore di imporre al mondo intero, con il bastone della ► guerra e la carota della ► pubblicità, il credo monoteistico e trinitario di un unico modello economico (il ► capitalismo), un unico ► sistema politico (la ► democrazia) e un'unica fede ► religiosa (il cristianesimo).

Il mondo è ormai ammaliato dalle stupide sirene della globalizzazione, dell'omogeneizzazione e dell'uniformazione *sub specie statunitensis*. Ma l'imposizione di un unico modello di ► vita e di cultura all'intero pianeta non impedisce che ci siano al mondo 800 milioni di persone che soffrono la fame, e 9 milioni che ne muoiono ogni anno.

Traffico   Nel film *Johnny Stecchino* (1991) lo zio avvocato affronta il problema delle «piaghe» che rendono la Sicilia tristemente famosa nel mondo: «Ma dov'è che possiamo fare e non facciamo, perché – in buona sostanza – c'è di mezzo non la Natura ma l'uomo? È nella più grave di queste piaghe, che veramente ci diffama agli occhi del mondo. Lei ha già capito, è inutile che io glielo dica: mi vergogno a dirlo, è il traffico! Troppe macchine! È un traffico tentacolare, vorticoso, che ci impedisce di vivere e ci fa nemici, famiglia contro famiglia. Troppe macchine!».

Ma scherzando sulla Sicilia Benigni stigmatizzava l'Italia, perché le ► auto sono veramente una piaga che ci rende tristemente famosi nel mondo. La nostra stupidità ci spinge infatti a considerare la strada come un'arena in cui tutti, ► donne comprese, combattiamo per stabilire chi ha il cambio più lungo. E tutti seguiamo un codice della strada non scritto che ci impone di accelerare con il giallo, provare a passare con il rosso, cercare di non dare la precedenza, non rispettare i limiti di velocità, tentare di abbattere i pedoni sulle strisce, parcheggiare in divieto, fare gestacci a chi si comporta da cafone come noi e, *dulcis in fundo*, guidare usando il ► cellulare per unire una stupidità a un'altra.

Transustanziazione Come scriveva ►Montesquieu nelle *Lettere persiane* (1721), «per i cristiani c'è una bella differenza tra la professione e la fede, tra la fede e la convinzione, tra la convinzione e la pratica: più che motivo di santificazione, la ►religione è causa di disputa». E una delle dispute più assurde è stata quella che riguarda la transustanziazione, che la maggior parte dei fedeli attuali per sua fortuna ignora.

Secondo la definizione ►dogmatica del 1551 del Concilio di Trento, con la consacrazione tutti gli accidenti del pane e del vino rimangono inalterati, ma la loro sostanza si muta in quella del corpo e del sangue di Cristo. Secondo una pagina del *Saggiatore* (1623) di Galileo, invece, non può esistere nessuna sostanza del pane e del vino separata dai loro accidenti.

Oggi la posizione di Galileo è diventata quella ufficiale della scienza, e in particolare della chimica. Ma la posizione del Concilio di Trento rimane quella ufficiale della Chiesa, e costituisce un dogma di fede per i cattolici, benché essi ne siano in massima parte ignari. Ma come concilia il ►papa-chimico ►Francesco, o il chimico-papa Bergoglio, queste due posizioni antitetiche e incompatibili?

Trottole L'espressione «girare come una trotto-la» è entrata nel ► linguaggio comune. Indica la gente iperattiva, che non sta mai ferma e si muove in conti-nuazione. La gente che trova l'equilibrio solo nel movi-mento, all'insegna del motto «chi si ferma è perduto». E anche la gente che si avvita sempre su sé stessa, in un attivismo che non porta lontano. Ma come gira, appun-to, una trottola?

Il problema l'ha risolto nel 1872 il pastore anglicano irlandese John Hewitt Jellett, nel suo *Trattato sulla teo-ria dell'attrito*. Da principio la trottola inizia a girare at-torno al proprio asse. L'attrito tra la punta e la superficie su cui è posata crea un effetto di precessione analogo a quello plurimillenario della Terra. E questo effetto cre-sce gradualmente, fino a far cadere la trottola in manie-ra disordinata e caotica.

Ma già il *De rerum natura* di Lucrezio assimilava il «girare come trottole» a una forma di stupidità: «Se chi sente un opprimente peso nell'animo ne conoscesse le cause, smetterebbe di muoversi forsennatamente di qua e di là. Noi cerchiamo di fuggire da noi stessi ammaz-zando il tempo, ma la cosa è impossibile. Sappiamo di soffrire, ma non capiamo perché. Se ne vedessimo le cause, smetteremmo di vivere come viviamo».

Turismo Il saggio cinese Lao Tze diceva nel *Tao Te Ching*: «Puoi visitare il mondo senza uscire dalla porta, puoi vedere il cielo senza guardare dalla finestra. Più lontano vai e meno conosci: per questo il saggio non viaggia». Mistici taoisti a parte, la curiosità ha sempre spinto pochi e poetici viaggiatori, da Marco Polo e Matteo Ricci a Bruce Chatwin e Tiziano Terzani, a viaggiare per vedere le meraviglie del mondo, e raccontarle poi ai molti e prosaici sedentari rimasti seduti a casa. Ma da quando si raggiunge troppo facilmente qualunque meta volando da un aeroporto all'altro, il viaggio è morto ed è nato il turismo a basso costo e minimo sforzo.

Oggi non esistono più gli *Innocenti all'estero* (1869), che andavano *Attorno all'Equatore* (1897) in compagnia di Mark Twain. E ci sono solo più caricature del Pierre Loti che girava il globo fermandosi a lungo dovunque, amandovi una ► donna e scrivendovi un romanzo. La loro specie è stata soppiantata da quella dei turisti «mordi e fuggi», che credono stupidamente di poter vivere avventure esotiche comprandole a buon mercato e a pacchetti dalle agenzie, e ai quali altrettanto stupidamente interessa solo farsi dei ► *selfie* nei luoghi dove tutti sono stati, hanno visto le stesse cose e fatto gli stessi *selfie*.

Twitter   Durante un loro incontro negli anni '20, lo scrittore Paul Valéry mostrò orgogliosamente a Einstein la sua Moleskine e gli disse: «La porto sempre con me, per annotarci le idee che mi vengono e non rischiare di dimenticarmele. Anche lei fa lo stesso?». Al che il fisico rispose: «Oh, no! A me le idee vengono così raramente, che non c'è pericolo che me le dimentichi».

Inutile dire che oggi quasi tutti saprebbero citare una delle formule in cui sono condensate le idee di Einstein, mentre quasi nessuno sarebbe in grado di ricordare uno degli aforismi in cui sono disperse quelle di Valéry: nemmeno «la stupidità non è il mio forte», che apre il romanzo *Monsieur Teste* (1926). Immaginiamo dunque cosa rimarrà del mezzo miliardo di *tweets* che vengono scaricati ogni giorno nelle fognature della rete da gente molto più stupida di Valéry.

Un buon modo per accorgersi della stupidità di un *tweetter* sta nel controllare se non riesce a condensare un pensiero compiuto, e a scriverlo senza abbreviazioni, nei 140 caratteri che gli sono concessi: nei quali, peraltro, rientra comodamente qualunque terzina di ▶ Dante. L'impressione è che molti non riescano nemmeno a scrivere, come Fellini in *8 1/2*: «Non ho nulla da dire, ma voglio dirlo lo stesso» (47 caratteri).

U

Uguaglianza   Nei tribunali troneggia il motto spudoratamente falso «La legge è uguale per tutti», che viene ripetuto ed esibito solo per cercare di convincere gli ingenui a crederci. Il motto ha comunque una storia venerabile, visto che il *principio di isonomia* da esso enunciato fu uno dei cardini della ▶ democrazia ateniese. Lo introdusse Clistene verso il 500 prima della nostra era, dopo le tirannidi di Pisistrato e Ippia, intendendolo come «uguaglianza di tutti i cittadini di fronte alle leggi dello Stato». E fu poi adottato dalla Rivoluzione Francese, come parte della triade «Libertà, Uguaglianza, Fraternità».

Due secoli dopo Clistene il suo motto fu interpretato da Epicuro in un ▶ senso molto più generale, poi mutuato dal suo cantore Lucrezio nel *De rerum natura*: cioè, come «uguaglianza di tutte le cose di fronte alle leggi della Natura». Ma i loro erano ▶ discorsi astratti, e il primo a trovare un esempio concreto di isonomia in questo senso fu Newton con la scoperta della legge di gravitazione universale, dove l'aggettivo indica appunto che essa si applica a tutta la materia. Solo nei tribunali della Natura, e non certo in quelli degli uomini, è vero e dimostrato che la legge è uguale per tutti.

Ugualitarismo   Marx non era uno stupido, ma molti marxisti sì, e molti non marxisti anche: in particolare, sono stupidi tutti quelli che credono che il ► comunismo voglia rendere tutti uguali. Il motto di Marx nella *Critica al programma di Gotha* (1875) era invece: «Da ciascuno secondo le proprie possibilità, a ciascuno secondo i propri bisogni». Cioè, l'esatto contrario di uno stupido ugualitarismo, sia nel dare che nell'avere.

Ad esempio, questo motto imporrebbe alla ► scuola di offrire classi differenziate in base alle attitudini e agli interessi degli studenti, invece che appiattite sull'aurea stupidità stabilita dai programmi e dagli ► esami ministeriali. E al mondo del lavoro di assegnare ai lavoratori compiti adatti alla loro competenza ed efficienza, invece di promuovere gli ► incompetenti e gli ► inefficienti in base all'eredità e al nepotismo.

Il motto di Marx era una critica all'analogo motto del socialismo: «Da ciascuno secondo le proprie possibilità, a ciascuno secondo il proprio lavoro», sulla base del fatto che una retribuzione basata sul lavoro è di natura ugualitaristica, appunto. Ed è paradossale che Marx non stesse proponendo un pensiero rivoluzionario, bensì una massima evangelica che appare tale e quale negli *Atti degli Apostoli* (4,35).

Ulcera   L'ulcera allo stomaco è una diffusa e fastidiosa lesione che può provocare disturbi all'addome, richiedere interventi chirurgici e arrivare a causare la ► morte. Una ► scienziaggine in voga fino a qualche tempo fa riteneva che fosse causata da stress o da cibi speziati, e considerava a sua volta una stupidaggine il trattamento con antibiotici, iniziato fin dagli anni '50 da un medico di famiglia greco di nome John Lykoudis.

Nel 1982 i due medici australiani Barry Marshall e Robin Warren identificarono un nuovo batterio intestinale chiamato *Helicobacter pylori*, e lo additarono come la causa principale delle gastriti e dell'ulcera allo stomaco. Per superare lo ► scetticismo della comunità scientifica Marshall ingurgitò una coltura di organismi estratti da un paziente malato di gastrite: nel giro di una settimana la prese pure lui, ma una cura di antibiotici gliela fece passare.

A partire dagli anni '90 il trattamento delle gastriti e dell'ulcera si è concentrato sulla prevenzione per evitare il contagio attraverso il cibo, l'acqua contaminata e la saliva, e sulla cura mediante la somministrazione degli antibiotici. E, a conclusione della storia, nel 2005 Marshall e Warren hanno vinto il premio Nobel per la medicina.

Università   Le stupide "riforme" degli anni '90, ispirate al modello del mercato invece che a quello della cultura, hanno provocato effetti deleteri nell'università. Il ► sistema dei crediti ha causato un'esplosione del numero dei corsi e un'implosione della loro qualità. Il famigerato sistema del «tre più due» ha introdotto un ibrido livello intermedio tra il diploma delle superiori e la laurea. Il reclutamento dei professori a livello locale ha distribuito i ruoli a clessidra, invece che a cono. L'autonomia delle sedi ha trasformato le università in industrie costrette a trovare *sponsors* per i loro «prodotti». La *governance* ha costretto un buon numero di professori a fare i *managers*, invece che gli insegnanti o i ricercatori.

Ormai è stato arrecato un danno irreparabile, ma per salvare il salvabile bisognerebbe scendere con i piedi per terra e smetterla di illudersi che ogni università possa sempre offrire tutto a tutti. Bisognerebbe creare una rete di sedi specializzate che scegliessero, a seconda delle proprie possibilità intellettuali ed economiche e delle realtà locali, uno specifico campo di intervento nella didattica, nella ricerca o sul territorio. In una parola, bisognerebbe non essere stupidi, ma se non lo fossimo non saremmo arrivati a questo punto.

Universo Nel 1942 Friedrich Perls, psicotera-
peuta dai vasti interessi, sentenziò nel ► libro *Ego, fame
e aggressione*: «L'impaziente voracità è una causa prima-
ria dell'eccessiva stupidità che si trova al mondo: come
non si ha pazienza di masticare il cibo fisico, così non si
trova il tempo per masticare quello intellettuale. E poiché la modernità ci istiga a mangiare velocemente, non
stupisce che un grande astronomo abbia detto che due
cose sono infinite: l'universo e la stupidità».

Dopo decenni di ripetizioni creative, nel 1969 Perls
diede la versione definitiva della citazione nell'autobio-
grafico *Dentro e fuori dal cestino della spazzatura*: «Una
volta ho passato un pomeriggio rilassato e simpatico con
Einstein, e ricordo ancora con piacere che disse: due
cose sono infinite, l'universo e la stupidità, ma sull'universo ho ancora dei ► dubbi».

In un quarto di secolo il generico astronomo era diventato uno specifico fisico, al quale Perls attribuiva
un dubbio aforisma: se non altro, perché Einstein non
aveva dubbi sul fatto che l'universo fosse finito, benché
illimitato. Ma la distinzione, forse troppo sottile per la
psicoterapia, è comunque irrilevante per la stupidità, visto che essa è sia illimitata che infinita.

Vaccini Già gli antichi Greci avevano notato, ai tempi della peste di Atene descritta da Tucidide nella ▶ *Guerra del Peloponneso* e da Lucrezio nel *De rerum natura*, che coloro che l'avevano presa in forma lieve ne erano diventati immuni. E già nel 1796 Edward Jenner aveva inoculato del siero estratto da una pustola di vaiolo bovino in un ragazzo, rendendolo immune al vaiolo umano (dichiarato ufficialmente scomparso nel 1980).

Oggi le malattie per le quali esistono vaccini sono innumerevoli, dal morbillo all'influenza, e in Italia è obbligatorio vaccinare i bambini contro la difterite, il tetano, la poliomielite e l'epatite virale B. Ma esistono stupidi, isolati o organizzati, ai quali trasmissioni come *Le Iene* e partiti come il M5S di ▶ Grillo danno voce, che diffondono come untori ▶ scienziaggini sui vaccini: ad esempio, che causano l'autismo.

Sfortunatamente la Natura fa sì che nelle popolazioni in cui almeno l'80% degli individui è vaccinato si sviluppi un'immunità di gruppo, che impedisce agli idioti non vaccinati di venire eliminati come dovrebbero. Ma quando il tasso di vaccinazione scende, una malattia dormiente può risvegliarsi: è successo negli anni '90 con il morbillo in Inghilterra e la difterite in Russia, e succederà ancora se gli stupidi non si vaccinano.

Vampiri   Nel 1816 alcuni sfaccendati riccastri inglesi si trovavano in una villa sul lago di Ginevra, e per distrarsi dalla pioggia incessante decisero di raccontarsi e scrivere storie *horror*. Tra loro c'erano Mary Shelley e John Polidori, dalle cui teste un po' bacate uscirono le opere prime di due diversi generi letterari: *Frankenstein* (1818), sui mostri prodotti dagli scienziati devianti, e *Il vampiro* (1819), sulle omonime creature devianti. Quest'ultimo scatenò la stupida mania per i vampiri, che poi ricevette un nuovo impulso dal romanzo *Dracula* (1897) di Bram Stoker. Da allora è stato tutto uno sfiorire di ► libri e ► *junk movies* sull'argomento.

Naturalmente sia Dracula che il suo castello transilvano sono invenzioni, ma questo non impedisce ai ► turisti di visitare quello di Bran in Romania come se fosse l'originale. Non sembra invece solo invenzione la fenomenologia del vampiro, visto che mentre scriveva il suo romanzo Stoker studiava la «porfiria eritropoietica congenita»: una malattia del sangue che produce sintomi quali il pallore causato da una forte anemia, la sensibilità ai raggi ultravioletti, i canini sviluppati e persino un'allergia all'aglio, e può provocare coma profondi. Ma Stoker sapeva che i suoi lettori avrebbero gradito un falso mito più di un vero caso clinico.

Velo   Che il velo sia una tradizione islamica è solo uno stupido luogo comune. È stato san Paolo a prescriverlo nella *Prima lettera ai Corinzi*, dicendo: «Una ▶ donna, che prega senza velo, manca di riguardo al proprio capo». Ed è stato Tertulliano a estendere la prescrizione in generale, negli *Ornamenti delle donne*: «Dovete piacere soltanto ai vostri mariti. ▶ Dio vi comanda di velarvi per non mostrare la testa».

Viceversa, la Sura 24 del Corano, che di solito viene invocata per coinvolgere anche ▶ Maometto nella prescrizione, in realtà dice ben altro: «Di' alle credenti di abbassare lo sguardo, di essere caste e di coprirsi il seno con un velo». Le donne occidentali, che non portano più il velo ma continuano a coprirsi il seno, seguono dunque paradossalmente i precetti islamici ma non quelli cristiani.

Chi non fosse convinto dell'origine cristiana del velo, comunque, basta che guardi le ubique rappresentazioni della Madonna, che domandi a sua madre o a sua nonna come le donne entravano in chiesa fino a qualche anno fa, o che osservi le suore ancor oggi. Sembra dunque un po' stupido, e degno solo della peggior ▶ Fallaci, chiedere alle donne islamiche di dismettere oggi un uso introdotto ieri dai cristiani.

V e r i t à ▸ Gesù era solito ripetere il ritornello: «Io sono la Verità». Lo fece anche al processo di fronte a Pilato, ma questi gli domandò: «Che cos'è la verità?», e se ne andò senza aspettare risposta. Il profeta mediorientale sicuramente usava la maiuscola e pensava a un concetto assoluto, mentre il governatore romano usava la minuscola e si sarebbe probabilmente accontentato di una definizione relativa.

Le pretese di assolutezza della ▸ religione derivano dalla fede nella rivelazione, ed è singolare che «rivelata» sia un anagramma di «la verità». La mancanza di pretese della scienza si traduce invece in quello che ▸ Benedetto XVI ha spesso bollato come relativismo e considerato come il male della modernità, ed è altrettanto singolare che anche «relativa» sia un anagramma di «la verità».

Ma sarebbe stupido commettere l'errore tipico della ▸ metafisica, credendo che dietro a questi giochi di parole si possa nascondere ▸ qualcosa di profondo: ad esempio, che il conflitto tra religione e scienza sia conciliabile nei fatti, solo perché sembra esserlo a parole. Se non altro perché «la verità» si anagramma anche in «evitarla» e «vietarla», per la gioia dei ▸ negazionisti che vorrebbero fare l'una e l'altra cosa.

Verosimiglianza Nel ▸ libro postumo *La valigia delle Indie* (1996) Ennio Flaiano scrive che, poiché il verosimile è più convincente del vero, per potersi imporre il vero deve diventare verosimile. Sembrano problematiche astratte, ma diventano subito concrete quando si nota che il verosimile è il regno della stupidità: cioè, delle ▸ superstizioni diffuse e del ▸ politicamente corretto imposto.

Al regno del verosimile si oppone la repubblica della ▸ verità scientificamente corretta, e la storia della scienza si può effettivamente rileggere come una perenne battaglia contro le "ovvie" idee preconcette. Il che spiega le resistenze incontrate dagli scienziati nel diffondere le proprie reali verità tra la gente, che oppone loro le apparenti verosimiglianze del proprio ▸ senso comune.

Che la Terra abbia miliardi di anni e giri attorno al Sole, i continenti vadano alla deriva, i monti e le valli si siano lentamente formati nel tempo, le specie vegetali e animali si evolvano, le cose siano formate da atomi invisibili e la materia sia quasi completamente "piena di vuoto": tutte queste idee inverosimili vennero avversate, una a una, dagli stupidi di turno, uno a uno, nell'eterna lotta dell'oscurantismo contro l'illuminismo.

Vita Il 7 marzo 1953 James ► Watson e Francis Crick andarono a pranzo insieme ad alcuni colleghi in un ► ristorante di Cambridge, e il secondo annunciò loro inaspettatamente: «Oggi abbiamo scoperto il segreto della vita». E non era una *boutade*, perché quella mattina i due erano riusciti a mettere a posto i pezzi del *puzzle* della doppia elica del DNA: una struttura che sarebbe diventata un'icona della scienza moderna.

I romantici e gli ► esistenzialisti si offendono quando sentono dire che la vita si può spiegare in termini materiali e scientifici, e che il suo segreto è racchiuso nella struttura di una macromolecola e nei suoi meccanismi di riproduzione. Se dunque uno stupido come ► Blake già si lamentava che Newton avesse tolto la poesia dal mondo spiegando la luce e la gravitazione, chissà cosa avrebbe detto di Watson e Crick.

Per non parlare di John Conway, che nel 1970 inventò *Life*, un gioco costituito da una scacchiera infinita, ciascuna casella della quale si accende se due o tre di quelle adiacenti sono accese, e altrimenti si spegne per «isolamento» o «sovraffollamento». Poiché anche in un mondo così semplice la vita si forma e si riproduce naturalmente, è stupido pensare che essa richieda un mondo complesso, per non parlare di un ► Dio onnipotente.

Voltaire In *Un minuto umano* (1986) Stanislaw Lem nota: «La gente non legge, se legge non capisce, se capisce non ricorda», ma tutti dovremmo leggere, capire e ricordare le opere di Voltaire. Soprattutto le *Lettere inglesi* (1734), che aprirono gli occhi alla Francia mostrandole l'Inghilterra. Gli *Elementi della filosofia di Newton* (1738), che aprirono gli occhi al mondo spiegandogli la nuova scienza della gravitazione. E il *Candido* (1759), che fin dal titolo rivelava l'intento di mettere alla berlina la stupidità.

Ma, per quanto riguarda quest'ultima, niente supera il *Dizionario filosofico* (1764), che avrebbe potuto intitolarsi più propriamente *Dizionario della stupidità religiosa*. Tra le sue voci brillano ► Abramo, ► Adamo, ► Angeli, ► Anima, ► Dio, ► Dogmi, ► Guerra, ► Miracoli, ► Mosè, ► Religione, ► Resurrezione, ► Superstizione, ► Teologia, ► Transustanziazione e ► Uguaglianza. Nella prefazione Voltaire tranquillizzava i censori alla maniera di Lem: «Chi vuole nascondere la ► verità al popolo non deve preoccuparsi di questo ► libro: il popolo non legge, lavora sei giorni e il settimo va all'osteria». E in una voce ammoniva i religiosi e i filosofi: «Tremate, che non abbia ad arrivare il giorno della ragione!».

W

Watson (James) James Watson, scopritore a venticinque anni nel 1953 della doppia elica del DNA insieme a Francis Crick, è stato un *enfant prodige* e un *enfant terrible*. In un certo ► senso costituisce l'analogo per la biologia di ciò che ► Feynman fu per la fisica: un ► genio nel proprio lavoro, un provocatore nella vita e un autore di grande successo, con *best seller* che vanno da *La doppia elica* (1968) a *Dna, il segreto della* ► *vita* (2003).

Watson è sempre stato pronto a pagare di persona il suo non essere ► politicamente corretto. Ad esempio, nel 1992 la sua opposizione alla brevettazione dei geni gli costò la direzione del Progetto Genoma. E nel 2007 dovette dimettersi da presidente del laboratorio di Cold Spring Harbor per aver detto la ► verità, che tutti sanno ma su cui tutti tacciono, a proposito delle ► donne e delle ► razze.

La sua autobiografia si intitola *Avoid boring people* (2007), un bel doppio senso che significa sia «evitare la gente noiosa» che «evitare di annoiare la gente». Quel motto Watson l'ha messo in pratica per tutta la vita, insieme ad altri che vanno da «► meglio gli amici brillanti di quelli famosi» a «mai essere il più furbo della compagnia». Ricordando sempre che «anche i più ► intelligenti possono dire stupidaggini».

W **ilde** (**Oscar**) Nel *Critico come artista* (1891)
Oscar Wilde diceva: «Non ci sono peccati, a parte la
stupidità». E nell' ► *Anima dell'uomo sotto il socialismo*
(1891) aggiungeva che quell'unico peccato lo commette
il pubblico che chiede all'arte di essere popolare, «per
distrarsi quando si annoia della propria stupidità».

Nella commedia *The importance of being Earnest*
(1895), stupidamente tradotta come *L'importanza di
chiamarsi Ernesto* invece che *L'importanza di essere
Franco*, Wilde affronta il tema in un dialogo fra Jack e
Algernon: «L' ► intelligenza, non la posso più soffrire.
Oggi sono tutti intelligenti. Non si può andare da nessuna parte senza incontrare gente intelligente. È veramente una calamità nazionale. Darei non so cosa perché
ci fosse ancora un po' di gente stupida». «Oh, ce n'è».
«Mi piacerebbe molto conoscerne qualcuno. Chissà di
che cosa parlano». «Gli stupidi? Oh, delle persone intelligenti, naturalmente». «Che stupidi!».

Ma Wilde non si è accontentato di combattere la stupidità: è stato addirittura condannato per averla vilipe-
sa! D'altronde, lui stesso aveva ammonito, nelle *Frasi e
filosofie a uso dei giovani* (1894): «Chi dice la ► verità
prima o poi viene scoperto».

World Stupidity Awards   Poiché la stupidità è la competizione più popolare e praticata, il Premio Mondiale della Stupidità è il trofeo più difficile e prestigioso da conquistare. Nato come *World Stupidity Awards* negli Stati Uniti, è stato assegnato per cinque anni tra il 2003 e il 2007. Poi ha dovuto essere sospeso per un eccesso di partecipazione e di eccellenza, che portava a troppi vincitori a pari merito.

Il fondatore del Premio era il regista Albert Nerenberg, noto per i suoi documentari *Stupidità* (2003) e *Risatologia* (2009). E anche per la beffa al Festival Internazionale del Cinema di Toronto del 2000, quando mescolò degli attori fra i paparazzi e li fece accogliere urlanti un gruppo di ▶ divi fittizi mandati sul tappeto rosso, a farsi freneticamente fotografare dagli stupidi fotografi come se fossero divi veri.

Le varie categorie di premi assegnati riguardavano l'affermazione più stupida, il momento più stupido e la moda più stupida dell'anno. C'era anche un premio speciale per chi era riuscito a rendere ancora più stupida una situazione che già lo era. E, come per gli Oscar di ▶ Hollywood, il *clou* della cerimonia era il premio alla carriera per una ▶ vita di stupidità. *And the winner is…*

X

X o x o   In una delle sue *Lezioni americane* (1988) Italo Calvino insegnava: «Mi sembra che una peste del ► linguaggio si stia manifestando come perdita di forza conoscitiva e di immediatezza, come automatismo che tende a livellare l'espressione sulle formule più generiche, anonime, astratte, a diluire i significati, a smussare le punte espressive, a spegnere ogni scintilla che sprizzi dallo scontro delle parole con nuove circostanze».

Immaginiamo cosa direbbe Calvino, trent'anni dopo, per stigmatizzare l'epidemia di quella peste diffusa dai nuovi *media*. Che non si contentano di infettare le lingue nazionali con una trasmissione virulenta di ► inglesismi, stupidamente adottati anche senza nessun bisogno, ma usano ormai tutta una serie di segni standardizzati per esprimere emozioni altrettanto standardizzate.

Da un lato ci sono gli *emoticons*, o «icone emotive», infantilmente disegnate o barbaramente testualizzate, come in :-) o :-(per indicare allegria o tristezza. E dall'altro ci sono i baci e gli abbracci ridotti a x e o e combinati in sequenze quali xxx o xoxo, in un letterale ritorno alle firme medioevali apposte dagli analfabeti alle lettere. Alla facci(n)a delle punte espressive e delle scintille di Calvino!

Y

Yeats (**William Butler**) William Butler Yeats, primo irlandese a vincere un premio Nobel (per la letteratura, nel 1923), è stato uno dei tanti scrittori irlandesi che hanno onorato la lingua inglese con il loro talento, insieme a Oscar ► Wilde, Bram Stoker, George Bernard ► Shaw, James Joyce e Samuel Beckett. Purtroppo, è stato anche uno dei tanti scrittori che hanno disonorato lo ► spirito umano con la loro stupidità.

Per non sfigurare con gli amici, il giovane Yeats curò la prima edizione delle opere complete di ► Blake, confessando poi: «Sarebbe stato impossibile farlo, senza i miei precedenti e approfonditi studi sulla ► magia». Per non sfigurare in casa, il maturo Yeats sposò una *medium* appartenente a una famiglia dei cui membri lui stesso disse: «Sono tutti stupidi». E per non sfigurare in società, frequentò invece la teosofa Helena Blavatsky.

Naturalmente Yeats era un *fan* del ► paranormale. Nel 1890 venne iniziato nell'Ordine Ermetico dell'Alba Dorata, di derivazione rosacrociana, e nel 1911 divenne membro del Club degli ► Spiriti: due gabbie di ► matti nelle quali era rinchiuso anche ► Conan Doyle. Yeats fu, secondo Joyce, «un medievale per il suo amore del magico, la sua fede nei segni e nei simboli e la sua oscenità senile», che lo condusse all' ► eugenetica.

Z

Zichichi (Antonino)   Il 19 gennaio 1983, all' ► Università dell'Aquila, si svolse una singolare pantomima intitolata ► *Gesù di Nazareth e la ricerca scientifica*. Il professor Antonino Zichichi sedeva al tavolo delle conferenze, solo. Lo circondavano gli "apostoli", che ripetevano il ritornello: «Zichichi, dicci, a nome dei colleghi, qual è la ► verità della ricerca?». Con loro interloquiva direttamente "Gesù", enumerando in nove riprese le vaste conoscenze e i grandi meriti del professore, e incitandolo a parlare. Cosa che lui alla fine accondiscese a fare: con esiti esilaranti, come sempre nelle sue apparizioni televisive e nei suoi interventi giornalistici.

L'intercessione di Gesù non deve stupire, perché Zichichi era solito frequentarne il Vicario in Terra e confrontarsi con il Padre in Cielo: ad esempio, nel saggio *Perché io credo in Colui che ha fatto il mondo* (1999), nel quale spiegava che la ► religione e la scienza sono compatibili, contrariamente a quanto pensano quasi tutti gli altri scienziati al mondo. Ma più che in elevate meditazioni celesti, alla maniera di ► Pascal, il gatto Zichichi indulgeva in basse manovre terrestri con la volpe Andreotti: uno strano connubio tra il più astuto ► politico e il più stupido scienziato nostrani, uno al *top* e l'altro al *bottom* delle proprie categorie.

Indice dei nomi

Ceronetti, Guido, 118
Cesare, Gaio Giulio, 88
Chatwin, Bruce, 305
Churchill, Winston, 86, 236
Ciarrapico, Giuseppe, 13
Cicerone, Marco Tullio, 16, 169
Cipolla, Carlo M., 40, 62, 146
Clarke, Arthur, 110
Clinton, Bill, 101
Clistene, 309
Conway, John Horton, 322
Copernico, Niccolò, 134
Cornelius, Robert, 275
Corry, John, 118
Costantino il Grande, imperatore, 199
Coubertin, Pierre de, 214
Craxi, Bettino, 66, 135
Crick, Francis Harry Compton, 322, 327
Croce, Benedetto, 75, 116, 171, 216, 280
Crookes, Williams, 283
Cucchi, Stefano, 237
Curie, Marie, 92

Dalai Lama, 121
D'Alema, Massimo, 178
Dante Alighieri, 19, 36, 116, 173, 306

Darwin, Charles, 53, 174, 213, 283
David, re d'Israele, 254
Dawkins, Richard, 186
De Dominis, Marco Antonio, 258
Dean, James, 81
Debreu, Gerard, 54
Della Bella, Paolo, 245
Della Scala, Cangrande, 79
Derrida, Jacques, 61, 280
Di Bella, Luigi, 60, 135
Dick, Philip Kindred, 225
Diderot, Denis, 61, 83, 191, 267
DiMaggio, Joe, 42
Dini, Lamberto, 178
Dolan, Timothy Michael, 39, 121
Don Chisciotte, 86
Dostoevskij, Fëdor, 93, 106, 108, 184, 300
Doyle, Arthur Conan, 65, 73, 337
Drake, Frank, 110
Du Camp, Maxime, 45
Duchamp, Marcel, 27
Dulbecco, Renato, 59, 102, 291
Dumas, Alexandre figlio, 15
Dumas, Alexandre padre, 74

Nabokov, Vladimir, 240
Nagel, Thomas, 231
Napoleone Bonaparte, 236, 239
Nash, John Forbes, 184, 185
Nerenberg, Albert, 329
Neumann, Johann Ludwig von, 59
Newton, Isaac, 131, 203, 285, 309, 322
Niccolò da Cusa (o Nicola Cusano), 245
Nicola di Bari (o di Mira), 35
Nietzsche, Friedrich, 106, 116, 139, 184
Nixon, Richard, 202
Noè, 254
Noether, Emmy, 92
Noriega Morena, Manuel Antonio, 202
Novalis (Georg Friedrich Philipp Freiherr von Hardenberg), 279

Obama, Barack, 86
Ockham, Guglielmo di, 180
Omar ibn al-Khattab, 253
Omero, 116
Orazio Flacco, Quinto, 151
Ortega, Saavedra, 202

Orwell, George, 132, 241, 301
Otelma, mago, 60

Pachauri, Rajendra Kumar, 17
Padoa-Schioppa, Tommaso, 81
Padre Pio (Francesco Forgione), 60, 223
Panagulis, Alekos, 114
Pangloss, 62
Paolo di Tarso, 37, 128, 319
Paolo III (Alessandro Farnese), papa, 27
Paolo VI (Giovanni Battista Montini), papa, 267
Pareto, Vilfredo, 57, 284
Parkinson, Cyril, 150
Parmenide di Elea, 233
Pascal, Blaise, 114, 129, 184, 227, 233, 300, 341
Pasteur, Louis, 273
Peano, Giuseppe, 105
Pembroke, Thomas Herbert, conte di, 285
Penelope, 41
Perls, Friedrich Salomon (Fritz), 313
Peter, Laurence J., 149
Peto, Richard, 291
Piazzolla, Astor, 39
Pilato, Ponzio, 320

Indice delle opere

Indice

A

I

J

K

L

T

U

V

Finito di stampare nel mese di agosto 2016
presso ⬛ Grafica Veneta S.p.A. - Trebaseleghe (Padova)

Printed in Italy